L'Intellectuel, le Politique et le Marchand

Questions contemporaines

Collection dirigée par Jean-Paul Chagnollaud, Bruno Péquignot et Denis Rolland

Chômage, exclusion, globalisation… Jamais les « questions contemporaines » n'ont été aussi nombreuses et aussi complexes à appréhender. Le pari de la collection « Questions contemporaines » est d'offrir un espace de réflexion et de débat à tous ceux, chercheurs, militants ou praticiens, qui osent penser autrement, exprimer des idées neuves et ouvrir de nouvelles pistes à la réflexion collective.

Dernières parutions

Hervé DE TRUCHIS, *Résolution des conflits. Aïkido et médiation*, 2018.

Stéphane EHRLICH, *La République barbare, essai de psycho-politique*, 2018.

Bernard PECQUEUR et Fabien NADOU (Sous la dir. de), *Dynamiques territoriales et mutations économiques. Transition, intermédiation, innovation*, 2018.

Florian GUÉRIN, Edna HERNANDEZ et Alain MONTANDON (Dir.), *Cohabiter les nuits urbaines, Des significations de l'ombre aux régulations de l'investissement ordinaire des nuits*, 2018.

Cédric STOLZ, *Des animaux sur la Terre, Nouvelle édition*, 2018.

Robert BIBEAU, *La démocratie aux Etats-Unis, les mascarades électorales,* 2018.

Nathan RULENS, Wendy Brown, *Démocratie et identité face au néolibéralisme,* 2018.

Karine BECHET-GOLOVKO, *Russie : la tentation néolibérale*, 2018.

Rodolphe SOLBIAC (dir.), *Penser et repenser le postcolonial dans le Monde Atlantique*, 2018.

Jean Brilman

L'Intellectuel, le Politique et le Marchand

Préface de Philippe de Rouilhan
Directeur de recherches émérite au CNRS

L'Harmattan

5-7, rue de l'Ecole-Polytechnique, 75005 Paris

www.editions-harmattan.fr

ISBN : 978-2-343-14992-9
EAN : 9782343149929

Du même auteur

Aux Éditions l'Harmattan

La démocratie étouffée par l'État 2015
Échec de la gouvernance bureaucratique 2014
Réconcilier Démocratie et Gestion 2012

Aux Éditions d'Organisation, groupe Eyrolles

Management : concepts et meilleures pratiques avec Jacques Hérard collection Références 3e édition 2011
Les meilleures pratiques de management 1998 – 6e édition 2006
L'entreprise réinventée, 1996
Manuel d'évaluation des entreprises, en collaboration avec Claude Maire, 1993,
Gagner la compétition mondiale, 1991
Gestion de crise et redressement d'entreprises, 1986 Prix EDP
Modèles culturels et performances économiques, 1981 Mention spéciale du Jury Harvard-L'Expansion
Le redressement d'entreprises en difficulté, 1978 Prix IAE du Management
Pratiques de l'évaluation et de la négociation des entreprises 1976

Aux Éditions Dunod,

Les clés de la relance, 1993

Autres Ouvrages :

Romans et récits : *Nos familles au Vietnam (1887-1954)* l'Harmattan 2015, *Adieu l'Indochine Edition* Scripta 2011, *Stèle coloniale* Édition Scripta 2009, *La maîtresse chinoise* Édition Scripta 2007

Sommaire

Préface

L'idée vint un jour à d'autres d'écrire une ontologie des trous, des ombres, des sons (R. Casati), une philosophie des déchets, des détritus, de l'abject (F. Dagognet), une histoire des sciences des vaincus, restée peut-être à l'état de projet (J.-M. Lévy-Leblond), une poésie du cageot, du savon, de la valise (F. Ponge) — la navigation virtuelle permettrait d'enrichir la liste à peu de frais ; J. Brilman, lui, a eu l'idée de se faire l'avocat d'un mal-aimé, le « vil marchand », dans un procès en diffamation contre l'intellectuel et le politique.

Doutant de la capacité des marchands à rédiger une préface à son essai, J. Brilman s'est adressé à un ami intellectuel, totalement étranger au monde marchand, si j'en crois le pedigree de l'animal et son curriculum vitae, votre serviteur. Si j'avais décliné cette offre, en aurait-il derechef rabattu – *horresco referens* – pour solliciter un politique ? Quoi qu'il en soit, l'amitié était là et le défi était tentant d'un exercice de libre pensée confinant au contre-emploi, et j'ai accepté.

Ce livre plaisant et assez facile à lire donnera à penser au lecteur qui lit pour penser, et pourra emporter maintes fois sa conviction comme il a maintes fois emporté la mienne. Peut-être ce lecteur jugera-t-il comme moi le chapitre sur « "L'approche comptable" source de vérité » comme étant le plus enlevé. Après avoir lu le livre, en tout cas, il ne devrait plus médire des marchands — ou, mieux, du marchand — en général, il ne devrait plus le faire que des marchands — je veux dire maintenant des multiples marchands — pris individuellement, énumérativement ou statistiquement.

J. Brilman ne distingue pas expressément, comme je viens de le faire, le marchand en général des marchands comme personnes physiques ou morales exerçant, ayant exercé ou qui exerceront le métier de marchand, mais il faut certainement apprécier son plaidoyer comme visant le premier terme, singulier, de cette distinction. Ce qui l'intéresse, en vérité et en dépit des apparences contraires, ce ne sont pas les vertus des marchands réels, dont Dieu seul sonde les reins et les cœurs, c'est le marchand idéal, réduit à son essence, une certaine idée de l'échange, le Marché avec grand M. L'incarnation du Marché peut bien être décevante, l'hypothèse du Marché n'en est pas réfutée pour autant, ce n'est pas l'idée du Marché qui doit être corrigée, c'est la mise en œuvre de cette idée. C'est pourquoi l'économie de marché a besoin, *volens nolens*, d'un État régulateur. J. Brilman le concède, qui pense plus précisément que l'économie de marché a besoin d'un État minimalement régulateur, et qu'elle n'a surtout pas besoin d'un État entrepreneur.

L'écologie a le vent en poupe, ces temps-ci, et c'est heureux, à l'heure où, comme par un retour du refoulé, la finitude de la Planète bleue se rappelle dramatiquement à notre bon souvenir, mais il n'y a pas que la vie matérielle à assurer, il y a aussi la vie de l'esprit, la liberté de penser à protéger des particules fines de l'idéologie. Dans cet essai, le énième opus d'une œuvre abondante et polymorphe, J. Brilman, une fois de plus, aura fait sa part.

Ph. de Rouilhan[1]

[1] (Note de l'éditeur) Philippe de Rouilhan est agrégé de mathématiques, docteur en philosophie, docteur d'État ès Lettres, directeur de recherche émérite au CNRS et membre de l'Institut d'histoire et de philosophie des sciences et des techniques (IHPST ; CNRS, Université Panthéon-Sorbonne, ENS). Son œuvre relève essentiellement de l'histoire et de la philosophie de la logique et des

mathématiques (voir à son nom la notice qui lui est consacrée dans Wikipédia).

Il est très vrai que, depuis Vasco de Gama,
qui doubla le premier la pointe de la terre des Hottentots,
ce sont les marchands qui ont changé la face du monde,
Voltaire

Car si nous sommes silencieux, qui parlera ?
Schopenhauer

Prologue

« Un intellectuel est une personne dont l'activité repose sur l'exercice de l'esprit, qui s'engage dans la sphère publique pour faire part de ses analyses, de ses points de vue sur les sujets les plus variés ou pour défendre des valeurs, qui n'assume généralement pas de responsabilité directe dans les affaires pratiques et qui dispose d'une forme d'autorité[2]. »

Cette fonction a été assurée, sous des noms différents : par des sorciers dans les tribus primitives, par les sages en Asie, par les prêtres et les scribes égyptiens, par les philosophes grecs, par les prophètes, les apôtres et le clergé des grandes religions. Ces intellectuels religieux ont été contestés depuis par les philosophes des Lumières.

De nos jours, ce rôle est revendiqué par une grande variété de brillants esprits : romanciers, journalistes, philosophes, économistes, professeurs, médecins, chercheurs, spécialistes des sciences humaines…

Ces intellectuels ne s'intéressent guère au commerce et encore moins aux marchands. Ils méprisent les petits commerçants et condamnent les riches négociants.

[2] Wikipédia

Ceux qui ont le pouvoir du verbe n'ont que dédain pour l'artisan de leurs civilisations. Il est temps de réhabiliter le marchand, de rendre sa place à l'éternel colporteur du progrès !

C'est le commerce qui fait vivre la pauvre femme qui vend quelques légumes sur un marché ; comme il fait vivre les boutiquiers qui passent toute leur vie dans leur échoppe. De la plus petite entreprise à la plus gigantesque des multinationales, ce sont les échanges commerciaux qui rémunèrent les milliards d'humains qui y contribuent.

Et si peu de philosophes pour en parler !

Sous le nom de « marchands », nous englobons les individus ou les organisations qui vendent leur production et leurs services : les artisans, les professions libérales, ainsi que les propriétaires, les dirigeants et les cadres des entreprises privées et parfois publiques.

La vente est la fonction principale de ces professions individuelles comme des entreprises, car sans commandes par leurs clients, leur activité s'étiole, les dépenses excèdent les recettes : ils seront, tôt ou tard, ruinés et disparaîtront. Avoir des clients qui achètent leurs produits ou leurs services est une condition de survie. Les deux tiers de l'humanité s'activent dans des organisations marchandes.

Il existe des personnalités ou des organisations qui exercent dans la société le double rôle d'intellectuel et de marchand. Les éditeurs, par exemple, sont à la fois des marchands et des intellectuels. Mais, ceux d'entre eux, qui n'accordent pas la priorité à leur fonction commerciale, ont souvent des difficultés pour pérenniser leur activité.

Les producteurs de films, de série télévisée, les galeristes et plus généralement les marchands de produits culturels appartiennent aux deux univers. Leur réussite exige à la fois du talent et une bonne gestion de leur activité.

La médecine libérale appartient aussi aux deux mondes bien qu'elle ne se livre pas à une activité de vente proprement dite, mais elle a des clients qu'elle peut perdre si la qualité de ses prestations les laisse insatisfaits. Et s'il s'agit d'un établissement de soins privé, il doit être géré comme n'importe quelle organisation marchande pour rester financièrement viable.

Tous ces marchands ne sont que les rameurs silencieux des galères, commandées par les princes, sur lesquelles disputent des intellectuels.

Cette large portion de l'humanité est ignorée par les idéologues quand elle n'est pas l'objet de leur mépris. Ainsi, la définition des mots « *marchand, commerce, argent, intérêt, profit*, *marché* » est, en général, absente des dictionnaires de philosophie. On y trouve cependant expliqués les concepts de *machinisme, matériel, mécanique, travail, technique, science*, mais pas celui de *marché.* Sauf, très récemment dans *le Dictionnaire philosophique* d'André Comte-Sponville[3].

Il s'est attaché à le définir en utilisant l'exemple de la boulangère :

Après avoir expliqué que chacun ne pouvait fabriquer son propre pain et que la concurrence entre les boulangeries permettait au client de choisir celle qui offrait à son sens le meilleur rapport qualité/prix, il dit ceci :

> Ce qu'on appelle le marché : la rencontre de l'offre et de la demande, autrement dit la libre convergence — par la médiation de l'échange et sous réserve de la concurrence — des égoïsmes. Chacun est utile à l'autre, sans qu'on ait besoin de le forcer. Tous ne cherchent que leur propre intérêt, mais ne peuvent le trouver qu'ensemble. C'est

[3] Dictionnaire philosophique d'André Comte-Sponville, PUF Paris 4ème édition 2013

> pourquoi le pain est meilleur et plus abondant dans une économie libérale que dans une économie collectiviste. La convergence des égoïsmes est plus efficace que les contrôles et la planification ! […] C'est ce que j'appelle le marché…

Comme me l'a fait remarquer le philosophe Philippe de Rouilhan :

> Ce n'est pas la première fois que je rencontre le terme « égoïsme » (vs « altruisme ») dans une présentation favorable du libéralisme économique, non pour glisser en passant un jugement de valeur moral négatif sur le comportement des agents sur le marché, mais pour mettre en lumière, en toute amoralité, la valeur économiquement positive du soin qu'ils prennent de leur propre intérêt. Adam Smith présentait déjà le marché en ces termes, et Comte-Sponville ne manque pas de le citer dans un autre texte : « Ce n'est pas de la bienveillance du boucher, du marchand et du boulanger que nous attendons notre dîner, mais du soin qu'ils apportent à leurs intérêts. Nous ne nous adressons pas à leur humanité, mais à leur égoïsme » (A. Smith, La Richesse des nations).

Mais notre génération semble avoir retenu du mot « égoïsme » sa connotation morale péjorative et assimile le libéralisme au Mal tandis qu'elle pare l'État-providence des vertus de l'altruisme, de la solidarité et même de la générosité. Seule une petite fraction des intellectuels, dont Comte-Sponville, reconnaît l'inefficacité de l'État pour satisfaire les besoins des populations.

La majorité des politiques et des penseurs ignore le rôle du marché dans la libération de l'homme : avant le marché où quand il n'y a pas de marché, les produits alimentaires et les biens de toutes sortes sont alloués par un chef au groupe humain considéré. L'échange est alors remplacé par une relation d'autorité avec sa part d'arbitraire.

Jusqu'à la Révolution, les politiques c'est-à-dire les rois, les princes, la noblesse et les militaires ont été les principaux possédants et les allocataires des biens et services à leurs protégés. Les terres avaient été conquises par la violence et transmises par filiation. Le produit du travail, des esclaves, puis des serfs, était capté par le maître.

L'extension et la diffusion du marché ont réduit la domination et la richesse de ceux qui constituaient à l'époque l'État et les pouvoirs locaux. Ce qui n'est plus le cas aujourd'hui, mais les politiques et la bureaucratie de l'État moderne ont conservé de la méfiance à l'égard des marchands.

Pourtant, l'échange marchand s'avère être la forme de coopération probablement la plus adaptée à la dignité et à l'épanouissement de la personne humaine : elle lui permet de bénéficier des services d'autrui sans en être l'obligé et sans se soumettre à un rapport hiérarchique.

Le marché est le lieu des relations égalitaires entre les individus et les organisations. En revanche, sont, inégalitaires les rapports entre : les autorités religieuses et les fidèles, l'État et les citoyens, les institutions d'assistance sociale et leurs bénéficiaires, les organismes caritatifs et les plus démunis.

Le marché c'est le lieu de l'autonomie, de l'indépendance, de la dignité, de la liberté et de l'égalité. L'État français a inscrit dans sa devise ces deux dernières valeurs. Elles avaient été réclamées par les marchands des bourgs pendant la Révolution de 1789. Les intellectuels et les politiques se gardent bien de rappeler que les marchands et les artisans des villes sont les véritables fondateurs de la démocratie.

L'intellectuel traite de l'absolu, du sacré, de la nature humaine, du pouvoir, du bien et du mal, des sentiments…

nobles thèmes ! Le marchand se complaît dans le matériel, le relatif, le profane… basses œuvres !

L'intellectuel se sent investi d'une mission ; le marchand sait qu'il a une fonction. Il a succédé à l'agriculteur pour nourrir, loger, vêtir et distraire l'intellectuel et le politique.

Aux États-Unis, les marchands qui réussissent sont admirés et parfois écoutés : plus leur fortune est grande, plus ils sont considérés. Ce n'est pas le cas en France.

Pourquoi dans notre pays, les intellectuels et les politiques, sauf exception, méprisent-ils à ce point les marchands : pour n'en parler jamais ou presque jamais, si ce n'est en des termes peu flatteurs ?

Cela remonte fort loin, déjà dans l'Antiquité…

Les préjugés occupent une partie
del'esprit et en infectent tout le reste
Malebranche, De la Recherche de la vérité

Le vil marchand

Le mépris plus que millénaire des intellectuels pour les marchands, déjà présent dans la Mythologie et les Écritures, coule à travers l'histoire, porté par la pensée antique et les religions en particulier le catholicisme, relayé depuis par le marxisme.

Hermès, guide des voyageurs, des pasteurs et de leurs troupeaux, des prostituées ainsi que des orateurs, est proche des hommes et bienveillant à leur égard : il leur a donné l'écriture, la danse, les poids et mesures, la flûte et la lyre, le moyen de produire une étincelle lorsque le feu s'est éteint. Ingénieux et serviable, il se dévoue au service des immortels, des héros et des hommes. Un dieu qui apporte la culture, les plaisirs et les solutions aux problèmes domestiques les plus importants, n'est-il pas le meilleur de tous ?

Mais il est surtout le dieu des commerçants et le patron des voleurs, funeste association ! Sortant de son berceau, il avait commencé sa carrière divine en détournant les bestiaux confiés à la garde d'Apollon. Il est vrai que les marins grecs étaient souvent marchands et pirates à la fois.

Un seul Dieu mêle en lui le commerce et le vol : voilà le préjugé installé pour l'éternité. Les Romains l'appelleront Mercure, mais c'est le même dieu.

Pourtant il est l'infatigable entremetteur de paix entre les habitants de l'Olympe dont on connaît le caractère ombrageux et belliqueux. C'est Hermès que Zeus a chargé d'inculquer à tous les hommes le sens du droit, de la justice et de l'honneur.

Dans Athènes, ville de négociants, nombreux étaient les Grecs qui ressemblaient à Hermès. Les marchands de cette ville aspiraient à la liberté des affaires et à la participation aux décisions. Sans doute ont-ils été les pères oubliés de la première démocratie.

Pour Platon, un des grands idéologues de l'Antiquité, la réalité perçue n'est que l'ombre déformée de l'Idée. Le réel tangible n'est pas la vérité : elle est contenue dans l'Idée. Pour Platon il faut adorer la vérité et mépriser le réel. Conception du monde adoptée par de nombreux intellectuels, à l'opposé de celle des marchands.

Socrate a bien dit qu'à l'origine de la société il y a l'échange marchand. Néanmoins Platon méprise totalement les agents de cet échange : « les travailleurs, marchands et autres, font partie de cette tourbe dont l'unique fonction est de pourvoir aux besoins matériels des gouvernants ». Il préconise une cité dirigée par une élite omnipotente et omnisciente où l'individu n'est rien et la collectivité tout. Selon Karl Popper, il pose alors les bases du collectivisme, de l'État totalitaire et de la morale qui va avec[4].

Les marchands grecs sont morts, sans laisser d'écrits. Avec eux s'est éteinte la première démocratie antique. L'œuvre de Platon, elle, demeure, ainsi que le mépris des intellectuels pour ces marchands… tellement attachés à la tourbe du réel !

Grâce à la doctrine du marxisme-léninisme et à son application au monde réel sous la forme du communisme, une moitié de l'humanité a fait l'expérience au XXe siècle d'un univers sans marchands libres. Un monde dans lequel les marchands sont des employés de l'État ou des

---

[4] Karl Popper *La Société ouverte et ses ennemis tome 1 l'ascendant de Platon* Seuil Paris 1979

collectivités publiques : en quelque sorte, des marchands fonctionnaires.

En URSS comme en Chine, sous ce régime, les morts par famine ont été parmi les plus nombreux de l'histoire de l'humanité : famines soviétiques de 1921-1922 (5 millions de morts), de 1931-1933 en Ukraine et le Nord Caucase (7 à 10 millions de morts) dans les mêmes pays en 1947 (1,5 million de morts) et grande famine en Chine de 1959-1961 (15 à 30 millions de morts).

En URSS, hommes et femmes qui ne sont pas morts de faim ont connu des boutiques où, après une queue épuisante dans le froid où sous la pluie, on leur vendait chichement une quantité limitée de produits de mauvaise qualité. Ils ont appris à faire mille amabilités au nonchalant, mais impérial vendeur, pour qu'il leur serve leur juste part de pourriture et pas au-delà. Ils ont dû s'habituer aux étals à moitié ou complètement vides.

Cela a duré plus d'un demi-siècle, mais les idéologues qui ont conçu cette forme de société n'ont pas été ébranlés dans leurs convictions par les résultats désastreux de cette gigantesque expérimentation. Ils sont platoniciens dans l'âme. Pour eux, seule l'idée est dans la vérité.

Les religions, l'échange marchand et les taux d'intérêt

Selon les paléo-ethnologues, au cours de la préhistoire, il n'y avait pas d'échanges à l'intérieur d'une tribu. C'était le chef qui, par voie autoritaire, distribuait les vivres. Les premiers trocs se passaient entre tribus primitives voisines. C'étaient des échanges nobles à l'occasion d'événements exceptionnels tels que le mariage d'un chef ou la mort d'un sorcier. Ils se déroulaient en deux temps : celui du don suivi plus tard du contre-don, suivant un cérémonial précis dans un lieu où il fallait se rendre sans armes : déjà un « marché », lieu de paix. Le contre-don devait être au moins égal au don si ce n'est plus important. En la circonstance, pas question de duperie, mais parfois assaut de générosité et de munificence. L'événement était annoncé par des sonneries de conques ou des roulements de tambours. Souvent l'échange importait moins que le cérémonial et les marchandises moins que le prestige.

Il est bientôt apparu que l'échange commercial n'avait pas besoin de s'encombrer de cette étiquette et qu'il avait vocation à être équilibré. Toutefois, le site choisi restera encore longtemps un endroit découvert pour éviter les agressions ; un lieu où il est interdit de se prendre de querelle, parfois placé sous la tutelle des prêtres ou des autorités locales. Les premiers fondamentaux du « marché » sont déjà en place.

Parmi les toutes premières transactions de la Bible, un troc inégal est resté dans les mémoires. Ésaü, ce grand imbécile, rentre des champs, affamé. Il voit le brouet de lentilles que prépare Jacob dont le fumet lui excite les papilles. Il ne peut résister à l'envie de se procurer ce plat. Il accepte l'incroyable échange que lui propose son rusé cadet : son droit d'aînesse contre le plat de lentilles ! À l'évidence, le compromis n'est pas équitable : la sottise et la faiblesse de l'aîné lui font abandonner sa fortune au profit du cadet. Ainsi l'un des premiers trocs de l'humanité biblique apparaît déjà comme la spoliation du plus bête ou du plus faible par le plus malin.

Les Livres saints sont sévères avec les marchands. Dans l'Ecclésiastique, livre de sagesse, on trouve ce proverbe : « Un marchand résiste difficilement à la tentation et le trafiquant ne saurait être sans péchés. »

Le troc marchand a bientôt laissé la place à l'usage de la monnaie. Aristote l'a défini comme moyen d'échange contrairement aux autres biens comme les chaussures, par exemple. Il indique que l'argent peut aussi être une fin en soi quand on le thésaurise pour augmenter sa fortune, ce qu'il condamne. Quant à l'intérêt qui consiste à faire produire de l'argent par l'argent : c'est un détournement de sa fonction naturelle de moyen d'échange.

Dans l'antiquité, les taux d'intérêt étaient très élevés, parfois plus de 50 % par an, en considération des risques encourus. Le créancier disposait d'un pouvoir exorbitant : il pouvait prendre en esclavage la famille du débiteur s'il ne parvenait pas à rembourser sa dette. L'usure était un moyen de s'enrichir rapidement : l'argent allait à l'argent.

Le taux d'intérêt fut donc interdit par les religions du Livre :

> Tu ne prêteras pas à intérêt à ton frère (ton compatriote ou ton coreligionnaire), intérêt d'argent ou intérêt de nourriture, de toute chose qui se prête à intérêt [...] Tu pourras tirer un intérêt de l'étranger, mais tu n'en tireras point de ton frère.
> (Ancien Testament Deutéronome (23-19) et (23-20).

Les juifs pratiquaient le taux d'intérêt avec les non-juifs ; la réforme protestante lèvera l'interdiction de l'intérêt par la voix de Calvin en 1545 ; les catholiques maintiendront l'interdit jusqu'en 1917 ; l'Islam maintient l'interdiction, mais financiers et banquiers musulmans ont trouvé les moyens de la contourner.

En fait, les religieux n'avaient pas conceptualisé formellement le taux d'intérêt comme le prix du risque et du temps, définition moderne apparue avec les calculs d'actualisation appliqués pour évaluer la rentabilité d'un investissement.

Les trois religions s'accordaient pour entraver l'un des principaux moteurs du développement économique : le crédit. Une seule faille dans l'interdiction : les juifs pouvaient prêter aux non-juifs, d'où leur fonction de prêteurs. Elle explique leur terrible destin, en particulier au Moyen Âge. Indispensables, mais honnis, ils étaient régulièrement spoliés et bannis, mais toujours rappelés.

Depuis, dans les démocraties modernes, grâce à leur talent dans ce négoce, ils occupent une place prépondérante dans les activités financières.

Les marchands vénitiens, génois, florentins, placentins, siennois et champenois ont eu l'astuce et le courage de tourner la prohibition du taux d'intérêt — renouvelée par l'Église lors du concile de Trêves en 1227 — par des artifices comptables : ils stipulaient dans les contrats une somme différente de la somme réellement versée, ou incluaient un intérêt dans les calculs de taux de change. Sans ces audacieuses supercheries qui ont duré des siècles et que l'Église pratiquait pour ses propres finances, pas de grand commerce, pas de banque, pas d'essor économique possible.

La condamnation des marchands par le clergé catholique au Moyen Âge se trouve dans une phrase figurant dans le droit canon au XIIe siècle : « Le marchand ne peut plaire à Dieu, ou difficilement. » Les documents ecclésiastiques, qui fournissent des listes de professions interdites ou déshonorantes, y font figurer les commerçants en compagnie des prostituées et des chirurgiens. L'Église a prononcé cette condamnation au motif que les commerçants avides de profit sont animés par la soif de l'argent, et commettent en permanence l'un des péchés capitaux : *l'avaritia*, la cupidité. Ils sont donc en conflit avec la morale chrétienne. Plus grave encore aux yeux de clergé, beaucoup de marchands étaient aussi banquiers et pratiquaient l'usure.

Cependant l'Église ne put s'empêcher d'admettre que les foires jouaient un rôle positif dans l'approvisionnement des populations, dont son propre clergé. Ces condamnations n'étaient pas dénuées d'hypocrisie. Dans la pratique, riches marchands et ecclésiastiques se fréquentaient agréablement.

Parfois, mais cela n'a pas été fréquent dans l'histoire il y eut collusion entre les marchands et l'Église. À la Renaissance, les Médicis qui ont fait fortune comme marchands et banquiers ont réussi à placer à la tête de l'Église deux papes Léon X et Clément VII. Certes, ils ne furent pas des modèles de vertus : ils ne jouissent pas d'une excellente réputation.

La Révolution française enverra plus de marchands à l'échafaud que d'aristocrates. Napoléon déteste les marchands : « Un riche est souvent un fainéant sans mérite. Un riche négociant même ne l'est souvent que par l'art de vendre cher ou de voler.[5] »

Les marxistes n'ont pas condamné le taux d'intérêt, mais le profit, l'autre mode de rémunération du capital. Il a fallu attendre la fin du XXe siècle pour que la preuve soit apportée par les faits que le profit est aussi nécessaire au développement de l'économie que le taux d'intérêt du crédit.

Le plus méprisant pour les marchands reste le héros du Nouveau Testament :

> Puis Jésus entra dans le Temple et chassa tous ceux qui vendaient et achetaient dans le temple ; il renversa les tables des changeurs et les sièges des marchands de colombes. Et il leur dit : ma maison sera appelée maison de prière ; mais vous vous en faites une caverne de bandits !

Voilà l'anathème lancé pour l'éternité : les marchands considérés comme des bandits par Le Christ lui-même ! À l'origine de ce funeste préjugé une dispute portant sur l'attribution de locaux. Jésus voulait tout l'édifice pour le culte : tout pour la religion, rien pour le commerce ! Il

---

[5] *Histoire des marchands et des marchés*, Sédillot René, Fayard Paris 1964

inaugurait la relation conflictuelle entre les idéologues et les marchands, dont ces derniers seront les victimes pendant presque deux millénaires.

Ricanement de l'Histoire : au XXe siècle ce sont les temples du commerce, super et hypermarchés qui attirent les foules tandis que les églises très nombreuses sur le territoire de la France ont de moins en moins de fidèles.

Mais les idéologues laïques qui ont remplacé les religieux n'ont pas plus de considération pour les marchands.

L'otium des élites et le negotium des marchands

De toutes les catégories socioprofessionnelles, celle qui n'a jamais renâclé devant le travail est celle des commerçants. Pour Platon, Aristote, Sénèque, Cicéron, pour ces penseurs, le travail est d'essence servile : simple conformité aux mœurs du temps. Sénèque écrivait : « Vulgaire est la tâche des ouvriers qui œuvrent de leurs mains. » Pour Cicéron : « Rien de noble ne pourra sortir d'une boutique ou d'un atelier. »

Le peuple grec est avant tout un peuple de marins et de marchands, ce qui n'est pas le cas des Romains nés paysans et juristes. Pendant quatre siècles, ils laisseront le commerce de détail aux esclaves et le commerce international aux étrangers. Rome toutefois facilitera le commerce, à son insu, grâce à son réseau routier construit pour des raisons de stratégie militaire.

Sénèque, philosophe stoïcien, dramaturge et homme d'État, consul et conseiller de l'Empereur, fut l'un des plus grands spéculateurs fonciers de l'Antiquité. Sa fortune commença d'approcher celle de Néron. Il pressentit alors qu'il risquait de lui porter ombrage. Par peur ou par sagesse, il offrit ses biens à son dangereux prince. Peine perdue : le tyran qui a fini par le haïr tenta de le faire empoisonner, sans succès. Un an plus tard,

Sénèque, alors retiré de la vie publique, est soupçonné d'avoir participé à un complot contre Néron qui lui ordonne de se suicider : ce qu'il fit en s'ouvrant les veines.

Il représente l'archétype du politique ou de l'idéologue d'une intelligence éblouissante qui dicte la morale aux princes et au peuple et s'enrichit par la spéculation sans travailler en profitant de sa position au sein du gouvernement. Sa descendance sera longue et nombreuse : évêques cossus du Moyen Âge, rentiers de l'aristocratie, bureaucrates corrompus, nomenklatura des systèmes socialistes...

Le monde romain honore *l'otium,* le loisir, dont tout tracas ou toute affaire est la négation : *negotium.* Quand on fait partie de la haute société ou des intellectuels, on ne travaille pas. Cette idée sera partagée par l'aristocratie et la bourgeoisie rentière jusqu'à la moitié du XIXe siècle.

Le monde moderne semble s'orienter de nouveau vers une civilisation qui valorise le loisir — *l'otium* — comme dans l'Antiquité, grâce à l'intelligence artificielle et aux robots, nos nouveaux esclaves. Mais pour alimenter les consommateurs de la civilisation des loisirs, le marchand continuera de se lever à l'aube, de se démener pour s'assurer que ses robots fournissent les marchandises ou les services aux clients, pour les programmer ou les entretenir. Le soir, il fera ses comptes et remplira les formulaires administratifs que lui demanderont encore l'État et sa bureaucratie ; il continuera de penser à ses affaires pendant ses loisirs. Sans l'activité féconde des artisans, professions libérales, des entrepreneurs et de leur personnel, pas de civilisation du loisir ! Pas *d'otium* vivable pour la population sans le *negotium* des marchands !

La France a repris au cours des trois dernières décennies une nette orientation de la société vers *l'otium* : elle a abaissé l'âge de départ à la retraite de 65 à 60 ans, réduit le temps de travail à 35 heures. Elle a considérablement augmenté le nombre des fonctionnaires et les crédits publics accordés aux loisirs culturels au détriment des autres missions du secteur public. Ses gouvernements de droite comme de gauche, inspirés par la bureaucratie, entravent chaque jour davantage le *negotium* des agriculteurs et des marchands par l'impôt, les charges sociales et la réglementation, ruinant les éleveurs et faisant fuir l'industrie. Elle a parallèlement augmenté les subsides aux personnes sans travail. Ces choix de politique économique ont pour conséquences : des déficits chroniques des finances publiques comme de la balance commerciale et un endettement qui augmente sans cesse.

Comment se fait-il que les paysans, pourtant parfois aussi âpres au gain que les marchands, n'aient pas souffert pas d'une aussi mauvaise réputation ? D'abord parce qu'ils étaient beaucoup plus nombreux dans la société. Jusqu'au XIXe siècle, ils représentaient plus des trois quarts de la population.

En fait, les princes, l'aristocratie et les idéologues n'avaient aucune raison de les dénigrer puisqu'ils vivaient de leur travail. Rentiers de la terre que cultivaient leurs serfs ou leurs employés, ils les contrôlaient et les exploitaient.

Peut-être le doivent-ils, pour une part, à Virgile. Poète préposé à l'idéologie impériale, chargé de faire de l'Empereur une espèce de Dieu, l'auteur des *Bucoliques* entreprit également de valoriser les travaux des champs. Il était le fils d'un fermier des environs de Mantoue. Il n'était pas fils de commerçant.

Les intellectuels et les politiques aiment les symboles, les gestes, les prophéties, les prêches, la poésie, les livres sacrés. Les marchands, eux, regardent les comptes. L'économie d'un pays est d'abord une affaire de comptes. Les intellectuels n'ont que du mépris pour cette approche comptable de la réalité. Pourtant à la fin il faut toujours faire les comptes.

Les intellectuels n'ont pas compris que la comptabilité à partie double est de la même nature que la balance des juges ou celle des dieux. C'est un processus de pesée : les deux plateaux de la balance représentent le débit et le crédit. On pourrait mettre au débit comme au crédit des actions, des comportements, des sentiments, des victoires et des défaites, des morts ou des survivants, des victimes ou des bourreaux. Les dieux des religions sont censés demander des comptes aux hommes de leurs bonnes actions comme de leurs manquements aux commandements divins. Ce jugement était déjà symbolisé par une balance dans l'antiquité.

Les marchands y écrivent des chiffres, c'est plus prosaïque, mais moins contestable. Il faut se méfier de ceux qui prétendent y mettre autre chose comme des valeurs philosophiques ou des récompenses distribuées au paradis.

Pourquoi les princes détestent-ils les marchands ?

Pourquoi les princes, l'aristocratie, et les puissants bureaucrates détestent-ils les marchands ?

Pour une raison simple, mais peu médiatisée : malgré leur supériorité de classe ou de fonction, et malgré l'attitude respectueuse des marchands, au moment de la transaction, ces puissants se trouvent obligés de traiter d'égal à égal avec ces hommes libres et de leur payer le prix négocié. Ils doivent sortir le précieux argent de leur bourse pour satisfaire leurs désirs.

Une situation d'égalité provisoire s'établit, au moment de la transaction, entre le marchand et les membres de la classe dominante : princes, aristocrates, hommes politiques ou bureaucrates. Malgré leur pouvoir, ces puissants sont obligés de payer le prix demandé. Ils le ressentent comme une atteinte à leur statut, ce qui les agace au plus haut point : d'où la détestation du marchand.

La mise en concurrence des marchands place le client en position de domination : le « client est roi » dans les économies modernes. Dans les économies libérales, cette rivalité est la conséquence de deux facteurs : le développement du commerce et du nombre d'acteurs pour une même offre et l'intervention de l'État pour empêcher toute position dominante d'un marchand. Lorsque ces deux conditions sont réunies, elles établissent le client sur un pied d'égalité avec le marchand, quelles que soient sa richesse et sa puissance.

Toutefois, la concurrence n'a pas la même signification pour la société civile et pour les agents du secteur public. Dans l'Administration, la compétition entre services se traduit d'abord par des doublons coûteux, des manœuvres de blocage réciproque, des luttes d'influence, le gaspillage des deniers publics et l'insatisfaction de tous. C'est à partir de ce vécu interne de la rivalité entre services que les fonctionnaires et les marxistes interprètent le monde marchand. Ils trouvent absurde et peu vraisemblable la théorie — pourtant ratifiée par les faits — selon laquelle la concurrence effective génère des produits et services meilleurs à des prix plus bas.

La concurrence et la situation d'égalité du client face au marchand disparaissent lorsque l'État se fait producteur de services monopolistiques. Dans ces cas, son client est traité comme un administré ou comme un usager, il ne peut ni négocier le prix ni trouver mieux ou moins cher en s'adressant à un autre fournisseur. La relation s'avère déséquilibrée : l'usager reste en position d'infériorité. Dès que l'État interfère dans une activité, il crée une situation d'inégalité.

Quand le marchand est un banquier, la tentation des puissants de ne pas payer les intérêts voire de ne pas rembourser le principal est très forte. Faire condamner le prêteur comme usurier a souvent été utilisé pour éviter de le rembourser, par exemple au Moyen Âge avec les Lombards.

Face au Prince, le créancier doit faire preuve d'une argumentation subtile pour le persuader qu'il vaut mieux respecter les clauses du contrat. Les Princes ou les États ont souvent volé les marchands qui leur faisaient crédit en particulier les banquiers. La malhonnêteté des États n'est pas un accident de l'histoire, elle est plutôt répétitive.

À toutes les époques, la liste des États qui n'honorent pas leurs dettes est longue. En ce début du XXIe siècle, par exemple, l'État grec n'a-t-il pas volé 100 milliards d'euros à ses créanciers privés ? Et ne s'apprête-t-il pas à en faire autant avec ses créanciers publics ?

Mais il n'en reste pas moins que ce sont les marchands qui sont le plus souvent accusés d'être des voleurs. Leurs marges sont considérées comme excessives et leurs bénéfices seraient illégitimes.

Pendant des siècles, nombreux furent les cultivateurs et les artisans qui s'estimaient dupés par ces négociants qui achetaient leur production à bas prix pour la revendre très cher. Avaient-ils raison ? Peut-être pas. Ils ignoraient que les marchands devaient couvrir avec cette marge le risque d'être arraisonné par les brigands de grand chemin ; qu'ils devaient donner une partie des marchandises aux nombreux péages fiscaux qui parsemaient leur route ; couvrir les pertes inhérentes aux difficultés de stockage, aux naufrages, aux ravages causés par les rats, à la fermentation des grains, aux tâches d'humidité sur les étoffes… pour un marchand prospère, combien de marchands ruinés ?

Parmi les commerçants enrichis, beaucoup n'ont pas gagné plus qu'un fonctionnaire par heure de travail. Mais certains ont travaillé tant d'heures et tellement épargné qu'ils ont pu accumuler un confortable pécule. Et pour peu qu'ils l'aient judicieusement placé, les voilà riches ! Qui peut leur en vouloir ? Si ce n'est leur propre famille qui a partagé avec eux cette vie de labeur et d'austérité.

Il faut avouer que bien des commerçants ont été, au cours de l'histoire, de douteux personnages au service d'individus guère plus recommandables : ils ont été des receleurs actifs écoulant les objets volés par des conquérants pillards ou de cruels pirates. Les musées nationaux ne sont-ils pas, pour une part, le lieu d'exposition des objets volés par les vainqueurs aux vaincus ? Quand il s'agit d'œuvres d'art, l'État n'hésite pas à se transformer en prédateur, voleur et receleur.

Certains n'hésitent pas à attribuer aux marchands d'armes la cause et la fréquence des guerres. Chamfort dans ses maximes a fait un sort à cette ineptie :

« Les marchands de canons ont inventé la guerre, comme les marchands de bidets ont inventé l'amour. »

L'homme fut pendant des siècles marchandise. Le commerce des esclaves est considéré aujourd'hui comme une tache dans l'histoire des marchands. L'esclavage fut initié par les militaires victorieux dès les premières guerres de l'Histoire. L'esclave, butin du vainqueur, vendu comme marchandise, devenait instrument de son propriétaire. L'économie de l'Antiquité fut en partie basée sur le travail servile : naturellement approuvé par les philosophes grecs ou romains.

Mahomet lui-même aurait asservi des prisonniers de guerre. Toutefois dès 644, l'Islam interdit de mettre en servitude les musulmans, mais pas les « infidèles ». La « traite arabe », la plus durable et la plus régulière des trois traites, a concerné 17 millions de noirs d'Afrique jusqu'en 1920. Les marchands d'esclaves emmenaient, en de longues caravanes, le « bois d'ébène » capturé par les négriers africains.

Au nord, l'Empire ottoman raflait de jeunes chrétiens des Balkans et d'Anatolie pour en faire des janissaires. Jusqu'à la fin du XIXe siècle, les Ottomans capturèrent également des femmes pour en faire des esclaves sexuelles.

La traite « occidentale » des noirs d'Afrique, moins importante et moins longue que la « traite orientale » ne fut pas blâmée par le clergé catholique. Dieu n'ayant pas condamné l'esclavage dans la Bible, l'Église aura une attitude longtemps équivoque sur le sujet. Les papes autoriseront l'esclavage des Africains par les Portugais, mais prohiberont celui des Indiens d'Amérique. Ce n'est que progressivement que l'Église, d'abord complice de la traite, finira par la condamner.

Les marchands, en la circonstance, n'ont pas eu des mœurs plus cruelles que les militaires et les négriers africains. On oublie trop souvent que l'esclavage interafricain et la traite orientale ont précédé la traite occidentale. Le cruel commerce triangulaire transatlantique n'aurait pas été possible sans la participation de roitelets africains des tribus côtières. Ils allaient capturer leurs frères de race dans les profondeurs de la brousse pour les échanger contre la pacotille déposée sur les plages par les équipages des vaisseaux de la traite.

Cette activité comportait des risques importants financiers et militaires à cause de la piraterie qui sévissait sur les trajets maritimes : elle fut menée par des personnages hauts placés, influents et respectés avec la bénédiction et l'appui des rois de France, d'Angleterre et du Portugal. Parmi les grands marchands de la traite, on trouve des membres de la famille royale comme Jacques Stuart duc d'York, des officiers supérieurs comme l'amiral Jean-Baptiste du Casse, des gouverneurs de Saint-Domingue, de la Jamaïque, de la Virginie et de grands financiers, comme Jacques Laborde, banquier du roi. L'un des plus grands marchands fut Antoine Walsh, chef de la communauté jacobite des Irlandais de Nantes.

À l'époque, nulle raison de condamner le négoce auquel se livraient ces hommes et de douter de leur moralité ! En particulier, parce qu'ils permettaient de produire du sucre dans les colonies, une denrée qui avait à l'époque l'importance économique et géostratégique du pétrole au XXe siècle.

Les Français oublient trop souvent que c'est l'Angleterre alors la première nation industrielle et marchande, initiatrice et championne du libéralisme qui a interdit à ses concitoyens le commerce du « bois d'ébène », au début du XIXe siècle. Au congrès de Vienne en 1814, elle fait condamner la traite par les ennemis de Napoléon et signera par la suite des traités avec la France, l'Espagne, le Danemark, les Pays-Bas autorisant l'arraisonnement des navires destinés au transport des esclaves. Les roitelets africains, pour lesquels les rafles constituent une source exceptionnelle de revenus, continueront la traite grâce à des contrebandiers équipés de bricks rapides.

Pour être conforme à la vérité historique, toute repentance sur la traite négrière impliquerait beaucoup de monde : à commencer par les Africains eux-mêmes, la royauté, les Églises, les militaires, les caravaniers et marins qui assuraient le transport, les propriétaires d'exploitation agricole qui utilisaient les esclaves et enfin les marchands et banquiers sur lesquels se concentre aujourd'hui l'opprobre des bien-pensants.

Mais revenons au commerce ordinaire. Un marchand établi, dont c'est l'activité régulière, a intérêt à être honnête. Il conservera sa clientèle et pourra prospérer. Même Kant a signalé cet avantage de l'honnêteté pour le commerçant. S'il ne l'est pas, c'est soit un imbécile qui obère son avenir, soit un marchand qui a des difficultés financières et ne tardera pas à faire faillite.

Les armes des bons marchands sont la séduction, la tentation, le désir : artifices du diable également utilisés par les femmes. On comprend que les religions s'en soient méfiées comme des femmes du moins jusqu'à une époque récente. Contrairement à l'Islam, l'Église catholique n'a plus ces réserves vis-à-vis de la gent féminine, mais elle en a gardé longtemps vis-à-vis des marchands. *« Le commerce, considéré en lui-même, a un certain caractère honteux »*, disait Saint Thomas d'Aquin.

Les mauvais marchands sont ceux qui vendent des produits ou des services qui ne tiennent pas les promesses de leurs discours. Ils sont de moins en moins nombreux, car la conception des produits et les processus de production sont très encadrés par les normes, les contrôles de qualité et les mesures de satisfaction des clients. Quoique, dans le marais des prix les plus bas induits par une concurrence acharnée, il puisse subsister de mauvaises surprises.

Mais existe-t-il des idéologues ou des politiques qui tiennent les promesses de leurs discours ? Qui trompe le plus son client sur la qualité de la prestation : l'idéologue, le politique ou le marchand ?

Depuis plusieurs siècles et parfois plus de deux millénaires les quelques milliards d'hommes sur la terre se répartissent entre croyants des grandes religions ou de leurs schismes et adeptes de diverses autres idéologies : catholiques et protestants, juifs, musulmans sunnites et chiites, hindouistes, bouddhistes, shintoïstes, taoïstes, agnostiques, athées, marxistes, communistes, etc. Ces dogmes leur ont été proposés par une variété de personnages : un homme se disant fils de Dieu, des prophètes, des messies, des sages, des philosophes, des révolutionnaires, des gourous… puis ils ont été diffusés par des prosélytes, inculqués aux enfants par leurs parents et leurs professeurs ou imposés par la terreur aux populations. Ces idéologies s'avèrent souvent incompatibles entre elles. Certaines sont intolérantes au point d'armer les bras de croyants pour qu'ils se ruent à l'assaut des schismatiques, des dissidents ou des non-croyants. Parfois, elles servent de prétexte à la conquête du pouvoir, à la capture des richesses d'une minorité, à une croisade ou à une colonisation.

Chacune prétend détenir la vérité. Mais si l'une dit vrai, les autres ne sont-elles qu'illusion ou mirage ? La grande majorité de l'humanité ne serait-elle pas abusée par les promoteurs de ces doctrines ?

La force des prophètes ou des grands penseurs c'est de fonder des théories qui peuvent durer plusieurs générations et même des siècles.

Les marchands les plus rusés et les politiques les plus machiavéliques ont rarement atteint ce niveau d'audace dans l'invention de l'avenir de l'homme et n'auront jamais abusé un si grand nombre de crédules pendant des siècles.

Le politique et le marchand œuvrent beaucoup plus dans l'éphémère. Leur horizon ne dépasse guère quelques années : rares sont les marchands dont les entreprises familiales ont duré plus d'un siècle. Sauf, peut-être, ceux qui sont devenus des politiques et ont pris le pouvoir dans leur cité comme les Médicis. Mais n'est-ce pas en tant que Prince que la famille a continué de régner ?

Le marchand est réputé hâbleur. S'il ment, il ne trompera que ceux dont il aura déjoué la vigilance : il s'agit en général d'une minorité de clients, car les premières dupes le feront savoir à leur entourage.

Les idéologues sont réputés sincères. Certains hommes politiques bénéficient également de ce préjugé, en particulier les révolutionnaires. Leur crédit est parfois considérable et ils peuvent entraîner une gigantesque cohorte humaine dans l'erreur et le drame. Un monstre comme Hitler parce qu'il avait un talent de tribun a même réussi à prendre le pouvoir dans une démocratie.

À l'époque moderne, la publicité mensongère émise par les marchands est passible de condamnations. Cette loi s'applique aux entreprises, mais pas aux politiques ni aux intellectuels.

Un mauvais produit ou un mauvais marchand est rapidement éliminé par un concurrent. Ce n'est pas le cas des idéologies malfaisantes : elles peuvent conserver de la vigueur après les pires ravages et leurs auteurs continuer pendant des décennies, voire des siècles, à régner sur les esprits et les cœurs.

La sanction du réel s'exerce sur les marchands, sur leurs marchandises et sur leurs services, mais pas sur les intellectuels et leurs idées et encore moins sur les religions. Les politiques sont parfois quelque peu menacés par le réel dans les démocraties, mais ils essayent de détourner l'attention de la population vers l'idée comme Platon, en pratiquant la langue de bois et en se référant aux valeurs sacrées du Parti ou de la République.

La déplorable réputation du vil marchand, va-t-elle continuer ? Ce n'est pas certain. Les peuples de certaines démocraties comme les États-Unis ne sont-ils pas en train de réaliser qu'ils sont plus souvent abusés par les idéologues et les politiques que par les marchands ?

Les apports des marchands à l'humanité sont très importants en matière d'alimentation, de santé, d'habitat, de facilitation des tâches ménagères, de bien-être, de diffusion du savoir et d'ouverture de nouveaux espaces de liberté. Citons à titre d'exemple les laboratoires pharmaceutiques, les marchands d'appareils électroménagers, les constructeurs d'automobiles ou d'avions, ainsi qu'à chaque époque les promoteurs des nouvelles technologies comme actuellement Microsoft, Apple, Google, Facebook.

Le point le plus important de la fin du XXe siècle est peut-être l'ouverture de nouveaux espaces de liberté par les marchands précités. La Chine bride l'accès de sa population à certains d'entre eux comme Google parce qu'ils véhiculent des informations que la dictature communiste veut cacher à son peuple.

Ce rôle de véhicule de connaissances et d'informations des marchands est très ancien. Les moteurs de recherche et les réseaux sociaux n'en sont que la forme la plus moderne. Dans l'Histoire, les marchands voyageurs furent souvent les premiers à mentionner l'existence d'autres mondes et d'autres mœurs, comme Marco Polo a révélé l'existence de la Chine à ses compatriotes.

Aujourd'hui, la même Chine, dirigée par un « empereur rouge communiste », empêche les marchands modernes qui exercent sur son territoire de révéler certaines vérités à sa population. Malgré son libéralisme économique, c'est bien le signe qu'elle est restée une dictature.

Ne serait-ce qu'en ouvrant les yeux des peuples et en améliorant leurs possibilités d'action les marchands n'ont-ils pas joué un grand rôle dans la libération des hommes ?

Leur contribution silencieuse, mais efficace aux progrès de la civilisation sera-t-elle reconnue un jour dans un pays comme la France par les intellectuels et les politiques ? C'est peu probable à court terme.

Quoique l'élection, en 2017, d'un nouveau président Emmanuel Macron, apporte une lueur d'espoir. Il a réussi un renouvellement inattendu de l'Assemblée nationale : il y a fait élire des membres de la société civile, dont des marchands.

Et pourtant, elle tourne !
Galilée

Idéologie, science et commerce

« Une idéologie est un système de croyances partagées par les membres d'une collectivité, c'est-à-dire par une société ou un sous-ensemble d'une société [...] un système d'idées orienté vers la cohésion de la collectivité au moyen de valeurs[6]. »

Pour Talcott Parsons les idéologies se fondent à l'origine sur des « motivations romantiques et utopiques » les normes et valeurs sont de nature essentiellement symbolique et rendent la conduite des acteurs communicable : elle permet aux hommes de vivre en société.

L'importance sociale des idéologies est confirmée par l'historien Yuval Noah Harari dans son livre *Sapiens, une brève histoire de l'humanité*. Les hommes ont pu se rassembler et coopérer en grand nombre lorsqu'ils ont su inventer des « *réalités imaginaires* ». Les fondements de la vie sociale sont les mythes partagés successivement ou simultanément par l'humanité : l'animisme, le polythéisme, le monothéisme, le dualisme, le syncrétisme de ces croyances, les « lois naturelles » comme le Code d'Hammourabi, le bouddhisme, le stoïcisme, le taoïsme, le confucianisme, le communisme…

Parsons n'hésitait pas à établir un parallèle entre Marx et Jésus d'une part et entre Staline et Constantin d'autre part. Il avait également écrit : « Il est probable que les idéologies deviendront le champ de bataille symbolique

[6] Parsons Talcott., *The Social System*, New York, 1951, pp. 349, 351.

révélateur des principales tensions et des conflits essentiels au sein du système social. »

Les peuples sous le joug d'idéologies

Les peuples ont toujours vécu sous le joug d'idéologies : la cosmologie égyptienne, les théogonies de la Grèce antique, le confucianisme, le taoïsme, le bouddhisme, le judaïsme, le catholicisme, l'islam, le protestantisme, la démocratie laïque, le socialisme, le communisme sans compter d'éphémères et parfois désastreuses idéologies comme le fascisme ou le nazisme.

Elles se succèdent comme les tuiles d'un toit, la nouvelle recouvrant partiellement l'ancienne. L'humanité vit ainsi sous une couverture parfaitement étanche, aussi nécessaire à l'homme pour survivre que la couche atmosphérique. Elle alimente la respiration de son cerveau et le protège contre le dangereux vide de la liberté absolue.

Une société qui tolère plusieurs idéologies ressemble à une ville. Celle qui n'en admet qu'une n'est rien d'autre qu'une prison. Les pays véritablement communistes empêchaient leur population non seulement d'adhérer à d'autres idéologies, mais aussi de sortir du pays. C'est encore le cas de la Corée du Nord et de Cuba. Ce fut longtemps le cas de l'URSS. En Chine, promouvoir d'autres idéologies est impossible, mais voyager à l'étranger est possible depuis qu'elle est passée au « socialisme de marché » : encore une preuve que le marché contribue à la libération de l'homme.

Les pays totalement islamiques comme l'Iran ou l'Arabie saoudite sont plus ou moins des prisons, sauf pour leurs « gardiens » : princes, religieux et élite citoyenne de sexe masculin.

L'idéologie dominante est celle de la classe dominante, disait Marx. Il en a dressé l'inventaire historique. Mais il s'est arrêté, et pour cause, à celle de la bourgeoisie industrielle de son époque.

Pour Noam Chomsky, les intellectuels tels qu'ils se manifestent dans les médias sont avant tout au service de l'idéologie dominante. Ils forment une espèce de prêtrise séculière, dont la tâche est de soutenir les vérités doctrinales de la société. En 2005, Serge Halimi n'a pas hésité à baptiser un certain nombre d'entre eux les *nouveaux chiens de garde* du système citant les noms de philosophes plutôt de droite et de journalistes de droite comme de gauche.

Comment expliquer la supériorité de l'idéologue sur le marchand ? L'idéologue veut conquérir les esprits pour toujours. Dès lors il sème dans les cerveaux d'enfants pour récolter plus tard des adultes convertis et parfois prosélytes. En cela, il agit comme un paysan avisé qui plante un arbre pour en récolter les fruits vingt ans plus tard.

Mais malheur aux générations suivantes quand une idéologie porte comme fruit la barbarie, la misère ou tout simplement une vision archaïque du monde.

Idéologies malfaisantes ou bienfaisantes ?

Quels critères peut-on imaginer pour désigner une idéologie comme historiquement malfaisante ?

Dans un plateau de la balance, on placera : la responsabilité de cette idéologie dans les massacres, les génocides, les guerres, les terrorismes, les privations de liberté, l'avilissement de l'homme, le recul de la civilisation, les désastres économiques et l'appauvrissement des populations, en bref son rôle dans le malheur des vivants.

Dans l'autre plateau, on mettra : sa contribution au respect de la vie, à la progression de la tolérance, de la justice, de l'honnêteté, de la solidarité entre les hommes, de la paix civile dans la cité et entre les peuples, des connaissances, de la civilisation et de l'économie.

Pour cette pesée terrestre, il ne faut pas y placer le bonheur éternel des morts dans l'au-delà. Ce poids virtuel invérifiable est trop lourd et fait toujours pencher la balance du côté de la religion. Suivant le moment de l'histoire de chaque idéologie, la balance peut pencher d'un côté ou de l'autre.

Le christianisme a été bienfaisant pendant de longues périodes en particulier à ses débuts quand il a prôné l'amour du prochain, la solidarité avec les pauvres, la défense des esclaves et adouci les mœurs des Romains.

Après la chute de Rome et les invasions barbares, il a reconstitué des enclaves de civilisation avec les abbayes et les monastères, centres de production agricole et de conservation et de diffusion de la culture.

Au Moyen Âge, il a policé les seigneurs féodaux et leur a appris à respecter la femme.

Mais du XIIIe au XVIe siècle et en Espagne jusqu'au début du XIXe, l'inquisition, en pourchassant les hérétiques, a révélé le côté sombre d'une église devenue riche, puissante, intolérante et prête à semer la terreur en brûlant vifs les faux convertis.

Face à l'essor du protestantisme, l'Église a plutôt été malfaisante. Le massacre de la Saint-Barthélemy en 1572, les excès des ligueurs, le siège de La Rochelle, les dragonnades et la révocation de l'Édit de Nantes ont laissé dans l'histoire un sinistre souvenir et privé pour un temps la France du talent entrepreneurial des protestants. Le catholicisme est redevenu plutôt bienfaisant depuis la Révolution.

L'Islam, selon Montesquieu, est davantage une religion du glaive, les périodes de bienfaisance pour l'humanité ont existé, mais en alternance avec des périodes de conquête guerrière et de domination plus ou moins tolérante des peuples asservis et convertis par la force.

Entre le Xe et XIIIe siècle, l'islam peut revendiquer un certain nombre de grands penseurs et hommes de science comme Avicenne, Averroès, Al Farabi, Rhazès qui ont propagé la culture grecque antique en même temps que l'Islam et éclairé le monde.

En ce début du XXIe siècle, l'islam radical a été propagé par l'Arabie saoudite grâce à l'argent du pétrole. Il fait le malheur de bien des peuples à commencer par les musulmans eux-mêmes. Sunnites et chiites n'ont cessé de se combattre au cours de l'histoire et cela continue au XXIe siècle.

Certaines idéologies comme le fascisme et le nazisme sont communément considérées, à juste titre, comme malfaisantes.

En ce qui concerne le marxisme-léninisme et le communisme, les intellectuels sont moins unanimes. Ils prétendent que cela dépend de la mise en œuvre qui en est faite par la classe dominante. Sous sa forme originelle au XXe siècle en URSS ou en Chine, elle fut notoirement catastrophique pour les populations.

À l'ombre d'une idéologie se construit un réseau de privilégiés, qui bénéficient de prérogatives et de pouvoirs. Ces impétrants l'ancrent profondément dans la société comme les racines d'un vieil arbre. Ainsi l'Église catholique a commencé son essor avec le lyrisme de la vie et de l'enseignement du Christ et de Saint Paul et la défense des esclaves. Puis le clergé s'est enrichi et a pris un pouvoir considérable dans la société jusqu'à la Révolution. Quand le romantisme se fane, l'intérêt occupe déjà le terrain.

Au XXe siècle, la nomenklatura soviétique maîtresse de l'État a succédé en URSS à l'enthousiasme généreux de l'idéologie communiste. Après une courte période de réelle démocratie, elle a élu au XXIe siècle un ancien agent du KGB qui a installé un pouvoir dictatorial sous l'apparence d'une démocratie classique, régime qu'on nomme désormais une « démocrature ».

D'où vient la résilience des idéologies dominantes aux contradictions que leur apporte le réel : qu'il s'agisse des faits établis ou des découvertes scientifiques ?

La force d'une idéologie, son imprégnation, la foi qu'elle suscite, s'expliquent par la combinaison d'un ensemble de facteurs : l'apparente cohérence logique de la doctrine, l'enthousiasme généreux qui la porte au début (qu'on oppose au prosaïsme des marchands ou des savants), son ancienneté, le soutien et parfois le prosélytisme d'une classe nombreuse dont elle sert les intérêts, les promesses invérifiables qu'elle affiche pour l'avenir de ses croyants et de son déversement dans les cerveaux d'enfants.

L'avantage des religions sur les idéologies laïques tient à l'avenir de l'homme qu'elles proposent. Le fidèle aura droit au Paradis pour l'éternité dans l'au-delà, l'infidèle à l'Enfer. Promesse invérifiable et intemporelle qui reste donc éternellement valide et toujours d'actualité. Géniale proposition des religions qui assure leur supériorité dans le temps long sur toutes les idéologies laïques.

Une idéologie laïque, bâtie sur le mode de vie et les conditions économiques d'une époque, s'établit comme une maison construite sur le sable. Quand mœurs et économie évoluent, la base logique de la doctrine s'effondre. Mieux vaut la fonder sur les instructions invérifiables d'un sage ou d'un gourou, une théorie du Bien ou du Mal, sur une vision intemporelle de la nature humaine et le respect de certains droits de l'homme. Elle résistera plus longtemps aux aléas de l'avenir.

Le marxisme-léninisme et le communisme qui promettaient un « avenir radieux » sur cette terre pour les prochaines générations perdront leur atout majeur en moins d'un siècle : l'avenir radieux n'a jamais été atteint. Il a plutôt donné un avant-goût de l'Enfer aux populations soumises à cette idéologie par des tyrans. Le matérialisme dialectique, l'historicisme et la cohérence logique de la pensée de Marx ont pu faire croire que sa théorie avait une base scientifique. Il n'en est rien et sa mise en œuvre criminelle par Staline et Mao permet de ranger le marxisme parmi les idéologies dont l'application a fait souffrir pendant plus d'un demi-siècle une bonne moitié de l'humanité.

Les marchands ont-ils une idéologie ?

Les marchands ont-ils une idéologie ? La réponse est non. Le commerce n'est même pas fondé sur un quelconque socle doctrinal. Chercher à gagner de l'argent n'est pas propre aux commerçants. Toutefois pour que les échanges se passent bien, sans mauvaise surprise, sans rancœur et sans violence, il s'est constitué au fil du temps une déontologie implicite assez communément admise dont le fondement est le respect des contrats, qu'ils soient oraux ou écrits.

Historiquement, ce n'est pas le commerce, mais le pouvoir qui, le plus souvent, a enrichi ses détenteurs : rois, princes, haut clergé ou aristocrates. Un pouvoir qui avait été obtenu par la force et la violence et perpétué par la filiation. L'enrichissement par le commerce, marginal dans les temps anciens, n'est devenu un phénomène important qu'avec l'apparition de la bourgeoisie urbaine.

Le Christ avait lancé un terrible anathème contre les riches : « Il est plus facile à un chameau de passer par le trou de l'aiguille qu'à un riche d'entrer dans le Royaume de Dieu. » Mais il ne semble pas que l'Église, excessivement riche à certaines époques, se soit sentie concernée par ce propos pas plus que les princes sacrés par elle. Le clergé avait, semble-t-il, réservé aux marchands cette exclusion définitive du paradis.

Travailler pour sa survie et son intérêt n'a rien de dogmatique. Les commerçants sont trop engagés dans l'action pour avoir le temps de philosopher sur leur histoire et leur fonction dans la société. Ils sont matérialistes par nécessité et ils ont une préférence marquée pour la paix, la liberté de circulation et à notre époque pour la démocratie libérale. Mais il y a des marchands de toutes obédiences et de toutes religions. Il y a même des marchands socialistes ou communistes, devenus nombreux et talentueux hors de Chine puis en Chine même depuis l'instauration du « socialisme de marché » sous la férule du Parti communiste chinois.

Attribuer aux marchands l'élaboration du libéralisme serait une erreur. Les marchands existaient bien avant que ne fût conceptualisé ce régime non par un marchand, mais par des philosophes. Le libéralisme est une doctrine de philosophie politique qui affirme la liberté comme principe politique suprême ainsi que son corollaire de responsabilité individuelle, et revendique la limitation du pouvoir du souverain. Chaque être humain possède des droits fondamentaux comme la liberté d'expression ou la propriété privée que le pouvoir ne saurait violer.

L'opposition à l'absolutisme du souverain fut principalement le fait des philosophes du siècle des Lumières : ce qui conduit à attribuer à John Locke la paternité de la doctrine dans sa *Lettre sur la tolérance* (1689). En fait, il ne plaidait que pour la liberté religieuse. Le père du libéralisme économique est incontestablement le philosophe et professeur de morale Adam Smith, par son ouvrage *La Richesse des nations*.

Toutefois, les marchands sont les acteurs engagés du développement économique, lequel peut créer parfois les conditions du passage à une démocratie libérale. Ce fut le cas de l'Amérique après une guerre d'indépendance en 1775 contre l'Angleterre :

> Treize colonies d'Amérique se libèrent de la tutelle anglaise. Ce conflit relève directement de l'histoire du commerce : il a des mobiles commerciaux, des aspects commerciaux, des conséquences commerciales. Et il oppose, lui aussi, contrainte et liberté[7].

Parfois le passage à la démocratie grâce au développement économique se fait sans violences comme en Espagne ou au Portugal au XXe siècle.

Le libéralisme défend l'initiative privée, la libre concurrence et son corollaire l'économie de marché. Sa forme moderne illustrée par des penseurs comme le philosophe Alain, John Maynard Keynes, Raymond Aron, Karl Popper ou Benedetto Croce ne limite plus l'intervention de l'État aux fonctions régaliennes, aux infrastructures ou aux services difficiles à rentabiliser. Il préconise son intervention en matière de contrôle, de régulation, de solidarité et d'assurances sociales et même de relance de l'économie. Le libéralisme moderne est un *social-libéralisme* qui a d'ailleurs été baptisé par les Allemands *économie sociale de marché*, terme repris pas l'Union européenne pour qualifier le système économique des États membres.

Au début du XXIe siècle, il est clair que les marchands ont plus de facilité pour exercer leur activité dans une économie libérale du type américain, du type allemand ou même du type chinois que dans des pays plus bureaucratiquement collectivistes comme la France.

---

[7] Histoire des marchands et des marchés op. cit.

Les intellectuels français contre le libéralisme

Les intellectuels français de la deuxième partie du XXe siècle, majoritairement marxistes, ont réussi à conférer une connotation péjorative au mot *libéralisme*. Au point que même la droite française, en la personne de Jacques Chirac a dénoncé le « capitalisme sauvage » et a affirmé que les gaullistes ne doivent pas être confondus avec les « tenants du libéralisme classique ». Ce reniement du libéralisme par celui qui incarnera la droite française pendant trois décennies a eu lieu le 10 février 1977 devant 100 000 personnes qui participaient, porte de Pantin, à un meeting du RPR.

Désormais en France, on qualifie d'*ultralibéralisme* le moindre allégement des réglementations ou des prélèvements sur les entreprises.

La grande majorité des prêtres apprend les principes de l'économie dans le Nouveau Testament. Pour eux, elle se résume en partage du bétail et du grain et à la charité. Seul Jésus augmente par des miracles les aliments disponibles. La question de savoir comment les terriens pourraient produire plus de biens pour en avoir davantage à partager n'est pas traitée. C'est donc une hypothèse que la religion n'envisage pas.

À l'occasion des fêtes de Noël 2015, le pape François a déclaré dans son homélie :

> Dans une société souvent éprise de consommation et de plaisir, d'abondance et de luxe, d'apparence et de narcissisme, Lui [Dieu] nous appelle à un comportement sobre, c'est-à-dire simple, équilibré, cohérent, capable de saisir et de vivre l'essentiel.

Par chance, les chrétiens disposés à suivre ses exhortations sont très peu nombreux, sinon la consommation baisserait rapidement, les entreprises verraient leur activité chuter, le chômage et la misère augmenteraient.

Si le peuple écoutait l'Église quand elle se mêle du temporel, sa vie sur terre deviendrait vite inconfortable, ennuyeuse et rétrécie !

Le marchand opère dans l'ordre du matériel, le religieux dans l'ordre du spirituel. Chacun a son territoire : ils devraient cohabiter en bonne entente. Ce n'est plus le cas. Les marchands mettent à disposition de la population de plus en plus de possibilités d'assouvir leurs désirs de consommation, de loisirs et de culture, grâce à un pouvoir d'achat qui augmente.

Plus l'économie se développe, plus le matérialisme gagne du terrain et réduit le champ du spirituel. C'est du moins ce que croient les catholiques. Mais ils ne tiennent pas compte de l'autre facette du progrès économique qui est la diminution des tâches matérielles au bénéfice des activités intellectuelles et spirituelles... parfois autres que la religion chrétienne.

Les idéologues chrétiens, musulmans ou communistes placent le paradis dans un au-delà céleste ou temporel, les générations futures pour les communistes. Les marchands veulent le construire sur terre dès à présent. Faisons confiance aux marchands, c'est plus sûr et c'est positif.

Les marchands affaiblissent-ils les religions ?

Le développement de l'économie marginalise-t-il les religions ?

Le succès des marchands fait la richesse des nations, augmente le nombre de familles aisées, améliore les conditions de vie de la classe moyenne et diminue le nombre de pauvres, du moins dans les pays en paix bien gérés par leur gouvernement.

Dans la population de ces pays, il accroît considérablement la proportion de ceux qui croient avoir la possibilité de maîtriser leur destin, et même d'inventer leur petit paradis personnel sur cette terre ou du moins d'y trouver un certain confort matériel et des moments de bonheur.

Le travail des marchands pour construire le paradis sur terre est partiellement couronné de succès tout au moins pour la fraction de l'humanité dont la préoccupation quotidienne n'est plus la simple survie. C'est statistiquement le cas des classes moyennes de la plupart des pays développés et émergents et a fortiori des plus aisés.

Le marchand rend crédible la possibilité d'une vie meilleure sur la terre, mais ce faisant il assaille l'homme de tentations comme Satan avec le Christ dans le désert :

> Le diable l'emmène encore sur une très haute montagne ; il lui montre tous les royaumes du monde avec leur gloire et lui dit : « Tout cela, je te le donnerai, si tu te prosternes et m'adores. » (Mathieu) [ou encore] Le diable, ayant épuisé toutes les formes de tentation, quitta Jésus pour revenir au temps marqué. » (Luc).

Les marchands n'ont pas l'outrecuidance de tenter Dieu, mais tous les hommes y compris les religieux. Ils ont fait preuve dans cette entreprise de plus de ténacité que le Diable du Nouveau Testament : ils n'ont pas abandonné si vite leur clientèle. Au cours des siècles, ils s'en sont plutôt rapprochés. Ils ont étudié leurs besoins et leurs désirs. Le marketing et la publicité savent comment atteindre l'homme au plus profond de son âme (son inconscient dirait Freud). Ainsi, pour vendre une voiture, ils n'hésitent pas à lui faire croire qu'une jolie femme montera à bord.

Le marchand c'est vraiment le diable ! L'hostilité de l'Église catholique vis-à-vis du libéralisme est logique. En apparence, il lui dispute des pratiquants sinon des croyants. Combattre le libéralisme semble de prime abord un calcul stratégique rationnel. C'est s'allier les princes et leur bureaucratie contre ces diaboliques marchands avides de liberté et insaisissables. À l'instar de ses prédécesseurs, le pape François a réclamé plus d'intervention des États pour contrôler les marchés. Cette politique fut fructueuse pour l'Église pendant des siècles. En outre, elle réussit à s'enrichir bien plus que les marchands.

Par chance pour le développement économique, toute la chrétienté n'est pas catholique. Les protestants, historiquement à l'origine du capitalisme selon le sociologue Max Weber, n'ont pas les mêmes réserves vis-à-vis des marchands.

Certes, la croissance économique ne profite pas de manière égale à tous. Elle bénéficie d'abord à ceux qui en sont les moteurs : les entrepreneurs, puis à ceux qui participent à son essor par leur travail et les risques qu'ils prennent. Elle crée des inégalités. L'égalité statistique n'existe que lorsque la pauvreté est générale comme dans certains pays d'Afrique et dans les régimes marxistes communistes où seuls vivent comme des riches les gouvernants et l'élite de leur bureaucratie.

Dans les pays développés ou émergents, la population s'étire en une longue caravane, les plus aisés avancent loin devant et cheminent déjà dans les verdoyantes oasis tandis qu'à l'arrière, les pauvres continuent de traîner dans le désert, submergés par leur malheur et l'envie. Les idéologues, en particulier les religieux, les marxistes, les révolutionnaires populistes et les politiques de tous bords y recrutent des partisans. Pour les désenchantés du progrès économique, la religion — *l'opium du peuple* dit Marx non sans raison — ou l'État-providence sont les bouées auxquelles ils accrochent leur espoir d'une vie meilleure dans l'au-delà ou ici-bas.

Les intégristes religieux ont compris qu'il fallait ruiner l'économie des pays qu'ils veulent soumettre à leur idéologie. Les miséreux qui n'ont plus rien à perdre deviendront leurs meilleurs soldats. Le terrorisme et la guerre s'avèrent en cette matière d'une grande efficacité en particulier dans les pays économiquement fragiles du Moyen-Orient et de l'Afrique.

À notre époque, d'une manière plus insidieuse, l'État-providence, promoteur de la laïcité et de la solidarité dans les pays développés, ne serait-il pas le véritable concurrent des religions ?

L'État-providence, concurrent des religions ?

En France, cet État-providence s'est d'abord substitué aux congrégations religieuses pour l'éducation des enfants et l'aide sociale. Procède de la même tendance la multiplication des organismes caritatifs laïques. L'État encourage cette charité en soustrayant de l'impôt à payer par les particuliers les deux tiers des dons. En réalité, c'est la totalité des contribuables qui finance, en grande partie, cette générosité de quelques-uns.

L'État-providence est allé beaucoup plus loin dans le grignotage des prérogatives des religions. Les gouvernements successifs et la bureaucratie de la République se sont insidieusement transformés en un clergé de cet Être suprême, phœnix issu des cendres de la Révolution. Ce sont eux qui dictent désormais la morale au peuple.

Dans la France historiquement chrétienne, les « dix commandements » ont été remplacés par les « valeurs de la République ». Les catholiques ne s'en émeuvent que lorsque le gouvernement institue le « mariage gay » par la loi.

Le véritable concurrent de l'Église en France c'est donc l'État-providence. Mais le clergé refuse de considérer une telle vérité. Il ne peut guère critiquer cet État puisqu'il oblige les riches, par la contrainte de l'impôt, à donner aux pauvres. En matière d'économie, il s'inscrit tout à fait dans la ligne de l'Évangile.

Quand le Pape s'attaque aux marchands et au marché, il se trompe de cible. C'est l'État-providence le véritable substitut au monothéisme, l'ennemi masqué des religions.

Quoi qu'il en soit, la plus grande perte de croyants chrétiens qui se chiffre en centaines de millions d'âmes n'est imputable ni aux marchands ni à l'État-providence, mais aux gouvernements qui ont choisi le marxisme et le communisme que ce soit en URSS qui l'a imposé à l'Europe de l'Est ou en Chine suivie par une partie de l'Asie du Sud-Est. La Chine encore aujourd'hui empêche avec violence tout essor ou toute renaissance d'une religion, quelle qu'elle soit.

Les États socialistes ont été et restent les pires détracteurs des religions. Paradoxalement, c'est dans les démocraties libérales du type États-Unis ou Allemagne, que la pratique des cultes continue de rester vivace, pays évidemment plus protestants que catholiques.

En France, depuis la fin du XXe siècle, la classe dominante ou plutôt le clan dominant est celui des agents du secteur public, en particulier de son élite issue de l'ENA. De ce fait, l'idéologie dominante en France en ce début du XXIe siècle est un étatisme de type socialiste : un État-providence impose ses valeurs dites républicaines et réglemente dans le détail, jusqu'au plus intime, la vie des citoyens. Il a rendu dépendant de ses subsides plus de la moitié de la population : les familles des agents des collectivités publiques, les personnels de toutes les organisations publiques comme privées qui vivent de ses dotations, de ses subventions ou de ses commandes, et une masse de chômeurs et de pauvres qui ont besoin pour vivre des diverses allocations versées par les organismes publics.

Ce *social étatisme* finance en partie sa générosité par la dette. C'est un régime qui va au-devant de graves difficultés : la seule inconnue en est l'échéance.

Le savant plus proche du marchand que de l'idéologue

Une idéologie ne résulte pas, comme la science, d'un processus élaboré d'acquisition de connaissances et de vérification de leur validité. Une théorie est scientifique lorsqu'elle accepte que sa fausseté puisse être démontrée. Un dogme, une idéologie trouvent en eux-mêmes leur autovérification par référence à la pensée sacralisée de leurs fondateurs ou par le truchement d'une démonstration apportée par l'Histoire.

L'homme de science qui suspecte le marchand d'enjoliver la vérité croit la démarche du commerçant fondamentalement différente de la sienne, toute de rigueur. Lorsqu'un commerçant présente son produit ou son service à son client : il a tendance à l'enjoliver, c'est indéniable.

Mais le marchand ne se soumet-il pas, comme le scientifique, à la dure épreuve des faits ? S'il est avisé, il tire les leçons de l'échec commercial : il remet en cause le concept de son produit, la qualité de sa production, le prix demandé ou sa manière de le vendre et change ses conceptions et ses pratiques pour répondre aux réticences de ses clients, c'est-à-dire aux contraintes du réel.

Fondamentalement, savants et marchands modernes appartiennent à une même catégorie d'esprit, très différente de celle des idéologues et des politiques. Un grand nombre de chercheurs travaille désormais dans des organisations marchandes. Ils ne sont pas moins rigoureux que leurs confrères de l'Université ou des centres de recherche publics. Ils sont parfois plus rapidement utiles à la société.

Le marchand vit dans le présent et le futur proche, le chercheur dans l'avenir de ses recherches et de leurs applications et le professeur dans le passé. Le premier s'adapte au réel actuel, le second démolit les fausses vérités d'hier pour en proposer de nouvelles, le dernier enseigne ce qu'il a appris de ses maîtres. Quel est celui des trois qui persistera le plus longtemps dans l'erreur ? La question peut rester sans réponse ; il est des questions qui se suffisent à elles-mêmes ; elles n'ont pour but que d'ébranler des certitudes, et non d'apporter des réponses.

L'enseignement de l'histoire dépend de l'idéologie du professeur. Un grand nombre des historiens du XXe siècle se sont entichés de Marx. Ceux d'entre eux qui enseignaient en faculté et accordaient les diplômes n'ont-ils pas sélectionné pour leur succéder, des étudiants qui s'inscrivaient dans la ligne de l'historicisme de Marx ? Ainsi se perpétua dans la deuxième partie du XXe siècle un enseignement de l'histoire qui présentait le marchand comme un exploiteur du prolétariat.

En ce début du XXIe siècle, si l'historien « conforme » regarde le passé à travers le filtre du « politiquement correct » de sa génération, il serait plutôt féministe, antiraciste, multiculturaliste, probablement étatiste et antilibéral.

Chacun sait que l'Histoire est perpétuellement réécrite. Mais il manque des versions écrites par les marchands. Si on voulait promouvoir dans les cerveaux des jeunes les valeurs pacifistes de l'échange, du travail, de la qualité de l'ouvrage et de l'aventure pacifique, plutôt que l'héroïsme militaire, le faste des cours royales ou le machiavélisme politique, mieux vaudrait leur donner à lire une histoire écrite par les marchands.

Les marchands, pères de la culture laïque

Au Moyen Âge, l'homme de science et le marchand ont eu à souffrir de l'Église. N'avait-elle pas affirmé que le désir de connaissances était d'inspiration diabolique et que le commerce avait un certain caractère honteux (Saint Thomas d'Aquin) ? Ce sont les démons, proclamaient les prédicateurs, qui révèlent à l'humanité les secrets des sciences et des arts.

Le ciel fermé aux mathématiciens, les astronomes (Galilée) condamnés, le prêt à intérêt interdit, il a fallu des siècles pour sortir l'Europe de l'obscurantisme et du sous-développement économique.

Toutefois, il faut reconnaître que, dans les périodes de barbarie, l'Église a maintenu la fragile flamme de la civilisation. Elle a transmis la culture, adouci le rustre, amélioré le statut de la femme, et éduqué le guerrier. Ce que n'auraient pu faire les marchands par la séduction et l'échange. Pour civiliser le barbare, il fallait disposer de la peur de Dieu à défaut d'une suprématie par les armes les plus modernes, comme la bombe atomique au XXe siècle. Encore faut-il que ces instruments de la supériorité précaire d'une civilisation ne passent aux mains des barbares ou des fanatiques religieux !

Le scribe laïc, une fonction créée par les marchands

On doit aux marchands et banquiers l'exploit d'avoir soulevé la lourde chape idéologique sous laquelle l'Église enfermait la culture dont elle conservait jalousement le monopole durant le Moyen Âge dans l'ouest de l'Europe.

Pour correspondre avec leurs fondés de pouvoir, facteurs et correspondants, à Londres, Cologne, Leipzig, Genève, Bruges, Provins, Châlons, Reims, Troyes, Lyon, Venise, Gênes ou Florence, il fallut aux marchands un grand nombre de scribes laïcs. Pour tenir leurs comptabilités complexes et calculer des taux de changes incluant subrepticement les intérêts interdits, ils ont eu besoin d'hommes sachant écrire et compter rapidement et sans erreur. Sous l'impulsion de ces audacieux fondateurs des premières multinationales du commerce et de la banque, la culture aux XIVe et XVe siècles cessa enfin d'être un privilège des gens d'Église.

Le grand négoce amorça l'ascension d'une nouvelle race d'hommes qui avaient le goût du risque pondéré par le souci de l'information exacte, le respect des faits, des chiffres et des statistiques embryonnaires, un penchant pour le calcul rationnel et la prévision réfléchie. Ce qui ne les privait, en aucune manière, d'une grande appétence pour l'art et de la culture en général, avec un goût que la postérité reconnaîtra comme sûr.

La révolution marchande qui ouvrit les portes de la culture aux laïcs on la doit aux Tolomei, Buonsignori, Scali, Frescobaldi, Bardi, Peruzzi, Strozzi, Médicis et à tous les autres marchands flamands, hanséates et champenois moins connus, les fondateurs des premières multinationales du commerce et de la banque.

Aux spéculations théoriques et vaines du clerc, l'omniprésent intellectuel du Moyen Âge, le marchand a substitué l'analyse des faits et la rigueur du raisonnement : en quelque sorte, il préparait le terrain pour Descartes.

Marsile de Padoue, né vers 1284 à Padoue et mort vers 1342 à Munich, est un médecin, chanoine et théoricien politique italien, conseiller de Louis de Bavière. Très influencé par les marchands et opposé aux prétentions temporelles de la papauté, il est reconnu par les spécialistes comme le premier théoricien du pouvoir profane.

Un pouvoir qui n'émane pas de Dieu, quelle nouveauté ! Le peuple avait appris le contraire pendant des siècles. Dans le *Défenseur de la Paix,* Marsile de Padoue élève le négoce au rang de lien social et décrit la société comme une sphère de l'échange. Mais qui aujourd'hui connaît ce véritable père de l'État laïc ? Parce qu'il fut le défenseur d'une conception marchande de la société civile, le père de l'État laïc a été maintenu dans l'oubli par les intellectuels français.

Les trois composantes de la culture laïque

Le concept de culture n'a pas la même extension pour les intellectuels et les marchands. Pour les premiers elle se limite aux connaissances ayant un certain caractère d'universalité en matière philosophique, historique, littéraire, artistique, et seulement certains d'entre eux y ajoutent les connaissances scientifiques.

Pour les marchands, la culture comprend deux autres champs de connaissances, souvent méprisés par les intellectuels : *les connaissances techniques*, dont les savoir-faire et ce qu'on pourrait appeler la *culture organisationnelle*, c'est-à-dire la connaissance des multiples facteurs qui règlent le fonctionnement efficace de leur entreprise.

Ces deux dernières catégories de savoirs ne sont pas propres aux marchands, mais à toute organisation qui a une fonction ou une mission dans la société qu'il s'agisse d'une association à but non lucratif, d'un service de l'administration ou d'une entreprise.

Un champ de recherches et d'études de portée générale s'est ouvert sur ce troisième volet, aux confins de l'économie, de la sociologie et de la philosophie, sous le nom de « théorie des organisations ».

La culture d'un marchand, outre la culture générale qui lui est personnelle comprend donc les savoirs techniques de ses métiers et la connaissance intime de son entreprise et de l'environnement qui conditionne son activité : technologies, spécificités du personnel, hiérarchie, syndicats, système de gestion, clientèles, mœurs locales, modes de commercialisation, banques, État et réglementations de chaque pays où il exerce son activité.

Un homme est éduqué par l'organisation dans laquelle il travaille. Vingt années passées dans une entreprise de télévision ne façonnent pas la même vision du monde que vingt années passées dans un commissariat ou dans une entreprise de BTP. Un commissaire de police, un présentateur de télévision ou un cadre d'entreprise ne sont pas interchangeables même s'ils sont tous les trois licenciés en droit.

Qui peut nier les différences considérables entre les systèmes de valeur et les formes de vie dans un monastère, un service des impôts, un journal, une entreprise de mécanique, un centre de recherche, un hôpital, une école, un hypermarché, une compagnie d'assurances ou un élevage de bovins ?

Chaque homme possède un savoir technique et une culture organisationnelle qui lui est propre, souvent liés aux professions qu'il a exercées et aux fonctions qu'il a occupées.

Chaque organisation est un lieu d'acculturation. La culture est tricéphale : culture générale, culture technique, culture organisationnelle. Le fossé culturel entre deux Français appartenant à deux organisations différentes est souvent plus grand qu'entre un Français et un étranger exerçant la même activité.

Le secret de la réussite et de la pérennité des grandes organisations marchandes réside dans la qualité exceptionnelle de leurs connaissances techniques et organisationnelles. Diriger une entreprise marchande c'est certes maîtriser la technologie et innover, mais c'est aussi modeler une culture d'entreprise en affirmant des valeurs, une déontologie, des principes, des finalités, des ambitions, en édictant des règles, en fixant des objectifs, et en suscitant des espoirs. Cela se fait par une convergence de moyens en cohérence : par la doctrine, par les discours, par les priorités, par les hiérarchies, par les récompenses et les sanctions, par les questions et les réponses et par l'exemple. C'est ce qu'on nomme aussi « fonder ou façonner la culture d'une entreprise ».

Un autre point vient renforcer le rôle des marchands dans la diffusion de la culture : la langue des échanges devient langue de culture.

Les « lingua franca », au sens actuel, ont d'abord été les langues des conquérants. Ce fut le cas du grec parlé par tout le Moyen-Orient dans le sillage d'Alexandre, puis du latin devenu la langue du monde connu.

Toutefois progressivement, c'est la langue des échanges qui devient langue de culture. Grâce aux libertés et aux protections accordées par les princes champenois aux marchands, au XIIIe siècle, les foires de Champagne étaient devenues le centre des échanges internationaux. Les hommes d'affaires italiens apprenaient le français devenu langue du commerce entre l'Occident et l'Orient. Il évinçait le latin, langue littéraire des clercs de l'Église. Le français, parce qu'il était le langage des marchands, est devenu la langue de culture pendant quelques siècles en Europe. Ce qui lui a valu de rester deuxième langue de la diplomatie et des organismes internationaux après l'anglais.

Puis la langue des colonisateurs, c'est-à-dire des militaires, des administrateurs, des cultivateurs et des marchands restés sur place, après la conquête armée, s'imposa dans les colonies : l'anglais en Inde et en Afrique, l'espagnol et le portugais en Amérique du Sud, le français dans une partie de l'Afrique et en Indochine.

L'Inde libérée de la domination anglaise admet officiellement l'usage de 22 langues et a prôné comme langue officielle l'hindi qui devait éliminer l'anglais dès

1965. Mais en fait, l'anglais, devenu langue des affaires, n'a pu être éliminé : elle reste la deuxième langue officielle. Elle est même utilisée par de nombreux écrivains indiens.

La Deuxième Guerre mondiale a consacré la suprématie définitive de la langue anglaise comme *lingua franca* dans le monde en même temps que la victoire des troupes anglo-américaines. Mais jusque dans les années 1970/80, les multinationales françaises imposaient encore le français comme langue de communication. Les cadres étrangers des filiales s'efforçaient d'apprendre le français pour y faire carrière. Les entreprises françaises jouaient un rôle plus important pour la diffusion du français que les attachés culturels des ambassades. Cette époque est révolue. De nombreuses multinationales françaises ont adopté l'anglais comme véhicule de la communication internationale entre leurs services.

Aujourd'hui l'anglais, langue du commerce, est aussi devenu langue de la science. Un chercheur n'est reconnu que s'il publie en anglais dans les revues scientifiques. L'anglais domine le business, les négociations internationales et le monde de la recherche.

Les marchands colporteurs du progrès de la civilisation

Trop d'intellectuels méprisent ces deux composantes de la culture des organisations, les connaissances techniques et les savoirs organisationnels : cela limite parfois leur compréhension du monde.

C'est le cas, par exemple, d'un économiste internationalement notoire au début du XXIe siècle, Thomas Piketty. À propos du développement des pays émergents et de la Chine, il fait une erreur conceptuelle majeure sans doute partagée par une fraction des économistes universitaires en France. Nous reproduisons son affirmation :

Les pays émergents ont pu rattraper leur retard, grâce à un processus de convergence technologique qui « peut-être favorisé par l'ouverture commerciale, mais il s'agit fondamentalement d'un processus de diffusion des connaissances et de partage du savoir – bien public par excellence — et non d'un mécanisme de marché ».

Cette affirmation est une contre-vérité. Prenons comme exemple la production d'automobile en Chine qui est devenue la plus importante du monde. Le savoir pour construire une automobile moderne quel est-il et où se trouve-t-il ? Ce savoir est le résultat de l'accumulation, pendant des décennies, de recherches, d'études, de calcul, d'inventions, d'essais et d'erreurs techniques, de savoirs organisationnels et commerciaux par des entreprises, la plupart privées. Où se trouve ce savoir ? Chez les constructeurs automobiles : c'est un *bien privé* parfois protégé par des brevets.

Déclarer que c'est un *bien public* par excellence montre une méconnaissance totale du fonctionnement et du rôle des entreprises dans l'économie et de la formation du savoir nécessaire à la production de la valeur ajoutée.

Comment la Chine a-t-elle acquis ces connaissances nécessaires à son développement économique ? *Par un processus de marché* : en acceptant que les principaux constructeurs automobiles mondiaux viennent s'installer en Chine dans le cadre de *joint-venture* avec des entreprises chinoises qui ne maîtrisaient pas les dernières technologies. Les Chinois ont ainsi acquis par un processus de marché les compétences techniques pour fabriquer la plupart des modèles de véhicule les plus récents, dans des conditions de qualité et de productivité excellentes.

Autre exemple : comment la Chine a-t-elle acquis le savoir des trains à grande vitesse ? Par un processus de marché : elle a passé des contrats de construction de lignes à grande vitesse et de fourniture de trains, en exigeant que les vendeurs transmettent en même temps leur technologie.

On pourrait multiplier les exemples à l'infini. Dans la plupart des secteurs industriels et de services, les connaissances qui ont permis un développement économique rapide ont été apportées par les marchands selon un processus de marché.

N'oublions pas que la recherche scientifique appliquée est réalisée en grande partie par les entreprises. Parfois quelques grandes multinationales qui peuvent s'offrir d'importantes équipes dans cette fonction prennent même le risque d'affecter quelques chercheurs à la recherche fondamentale.

Les grands marchés sont le berceau des entreprises géantes. Au XXe siècle, le plus grand marché du monde fut celui des États-Unis. Il est logique que s'y soient développées les plus grandes multinationales des nouvelles technologies.

Au cours du XXe siècle, par le biais de leurs multinationales, les États-Unis ont changé les modes de vie des peuples du monde entier. La civilisation du Coca-cola, du hamburger, de l'électroménager, de la voiture pour tous et de l'informatique venait d'outre-Atlantique, initiée et diffusée par les multinationales américaines. Les créateurs des principales sociétés de services informatiques dans les années 1960/70 en France n'ont-ils pas fait leurs classes chez IBM ?

N'est-ce pas la puissance industrielle des États-Unis qui leur a permis de gagner la deuxième guerre mondiale contre les Japonais et les Allemands ?

Après cette première génération de l'informatique, une deuxième grappe d'inventions a déferlé sur le monde, diffusée par les marchands américains créateurs et vendeurs : de l'ordinateur portable, de l'internet, du GPS, et des nouvelles formes de distribution utilisant le web (Amazon), etc. Au début du XXIe siècle, la modernité se créait encore aux États-Unis et elle était diffusée par leurs multinationales dans le monde entier.

Entrepreneurs et intellectuels européens continuent d'aller chercher l'inspiration et les savoirs dans ce creuset où scientifiques et marchands forgent un monde nouveau. Cela a commencé à la fin de la Deuxième Guerre mondiale et cela n'a jamais cessé depuis.

Encore en 2017, des études sur les entreprises qui changent effectivement le monde situent aux États-Unis la très grande majorité des entreprises innovantes par le nombre de brevets et de produits nouveaux.

La création du marché commun devenu l'Union européenne a permis aux pays membres de rattraper quelque peu leur retard sur les États-Unis. L'Europe est devenue, à son tour, le berceau de nombreuses multinationales qui concurrencent les sociétés américaines.

Au XXIe siècle, grâce au « socialisme de marché », la Chine est aujourd'hui le plus grand marché du monde. Elle devient le terreau où grandissent rapidement de puissantes entreprises qui vont s'étendre sur le monde. Déjà des firmes chinoises ont pris des positions de leader mondial dans les télécommunications, la fabrication d'ordinateurs et de mobiles, les panneaux solaires et bien d'autres activités. Mais il sera beaucoup plus difficile d'apprendre des Chinois que des Américains à cause de la langue. La transformation de la civilisation occidentale par la Chine va prendre du temps.

Les intellectuels ont toujours cherché à masquer ou minimiser le rôle de *colporteur du savoir* du marchand pour se l'attribuer. Le marchand est, de ce fait, spolié de sa contribution majeure au progrès des civilisations.

Le marchand tolérant par nécessité et par intérêt

Le marchand « pacifie » le barbare par l'échange. Il commerce même avec le Diable s'il peut en tirer profit. Le bon marchand n'hésite pas à adopter la couleur de peau, les mœurs et l'idéologie de son client pour lui vendre ses produits ou ses services. Il recrute des commerçants afro-américains pour vendre dans les quartiers noirs aux États-Unis, des fondés de pouvoir africains en Afrique, des Chinois en Chine, des communistes s'il le faut pour commercer avec Cuba. Il n'est ni raciste ni sectaire : il est opportuniste. Il ne pratique qu'une forme de discrimination : celle de la solvabilité. Il ne vend qu'aux acheteurs solvables. C'est une des conditions de sa survie.

Ne visant pas à convertir son client à une idéologie quelconque et ne cherchant pas à bousculer son pouvoir, il n'est pas suspect, comme les diplomates officiels, d'intentions cachées. Il n'est pas « donneur de leçons » comme les gouvernements américains et français qui critiquent les gouvernements non démocratiques, prétendent leur parler des droits de l'homme à chaque voyage et vont jusqu'à soutenir des révolutions contre le pouvoir en place.

Il est comique de constater que l'État français, dès lors qu'il se fait marchand d'armes, oublie de parler des droits de l'homme aux princes qui tiennent les cordons de la bourse en particulier dans les pays pétroliers. Il devient alors aussi diplomate que les marchands.

L'embargo de Cuba par les Américains a été une erreur historique. Il a assuré l'exceptionnelle longévité de la dictature communiste sur cette île, obligée de se replier sur elle-même. Une population mal informée sans contact avec d'autres peuples et maintenue dans la misère est moins apte à soulever le couvercle d'une dictature.

De même, le refus de la France de livrer les navires de guerre Mistral commandés et payés par la Russie a été une erreur qui fragilise sa réputation de marchand d'armes fiable, activité essentielle pour l'économie française. Il faut ajouter à cette perte, les mesures de rétorsion exercées par les autorités russes sur les activités des entreprises françaises exportatrices ou implantées en Russie.

En l'occurrence, l'intérêt économique des Français n'aurait-il pas été mieux servi par les marchands si les politiques ne s'en étaient pas mêlés ? Il suffisait de donner la priorité au respect du contrat, valeur commune aux marchands et à un État de droit.

Pour pérenniser son entreprise et accroître son profit, le marchand cherche à élargir son marché et conquérir de nouvelles clientèles, de tous les pays, de toutes les races, de toutes les religions et idéologies, de toutes les formes de gouvernement. Il doit donc éviter toute critique des croyances, des mœurs et du régime politique de ses futurs clients. Plus encore, il doit plutôt chercher à les comprendre. Le marchand est donc tolérant par nécessité et par stratégie.

Ainsi, dans le monde réel, le marchand est par fonction plus tolérant que les fonctionnaires de tous les États et les religieux de toutes les religions.

Le marchand condamné au silence, sauf pour son offre

Avoir une attitude compréhensive et tolérante n'est pas suffisant pour exercer la fonction de marchand. Il doit éviter d'afficher ses croyances, ses convictions politiques et ses mœurs. Quand le nouveau patron d'Apple, Tim Cook, affirme dans les médias : « Je suis fier d'être homosexuel, et je considère le fait d'être homosexuel comme le plus grand don que Dieu m'ait fait », il commet une erreur, car il peut choquer certains de ses clients. Sera-t-il aussi bon marchand que son prédécesseur Steve Jobs ? L'avenir le dira, mais on peut déjà en douter.

Le bon marchand est condamné au silence sur tous les sujets universels qu'il s'agisse de philosophie, de politique ou de mœurs, sauf en ce qui concerne ses produits ou services ou la satisfaction des besoins de ses clients. Même en démocratie, surtout s'il a pour client l'État, il doit s'abstenir de faire de la politique. Il est donc peu représenté au parlement sinon par des patrons de petites entreprises ou déjà à la retraite.

Condamné au silence, quand il ne s'agit pas de son offre ou de son activité, empêché de s'exprimer avec brio sur les sujets d'intérêt général, il est négligé par les médias et les gouvernements. Son silence le dévalorise et lui nuit. Peu d'intellectuels s'intéressent à son rôle et prennent sa défense. Jaloux de l'argent qu'il gagne, ils cherchent plutôt à l'attaquer. L'intellectuel qui n'est pas l'héritier direct d'une famille fortunée ou qui n'a pas d'importants revenus grâce à ses œuvres littéraires ou artistiques déteste le riche marchand.

Quant aux syndicats patronaux qui représentent les marchands, ils sont catalogués lobbies de défense d'intérêts économiques sectoriels ou nationaux. De ce fait, considérés comme partiaux, ils ne sont pas écoutés. Ils ne sont pas soutenus par la population. Car tout patron qu'il soit chef d'entreprise ou chef de service d'une administration est rarement aimé de ses subordonnés, pour la seule raison qu'il exerce le pouvoir.

Ces associations patronales, obligées de se défendre contre les règlements et prélèvements abusifs de l'État, y consacrent leur temps et leur énergie. Elles n'évoquent pas assez le rôle majeur des marchands pour la diffusion de la culture laïque, pour les progrès de la civilisation et pour la paix.

L'Histoire ennuie déjà bien des élèves malgré le cliquetis des armes, le grondement du canon dans les « mornes plaines », les beaux uniformes des soldats de plomb et les récits héroïques. Comment intéresser la jeunesse à la vie poussiéreuse des colporteurs anonymes, aux spéculations des marchands florentins et aux marchands petits et grands du monde moderne ?

Condamné au silence par sa fonction et n'intéressant personne, le marchand est négligé par les intellectuels, les médias, les politiques et n'occupe pas dans la description qui est faite du fonctionnement des sociétés modernes la place qui lui revient.

C'est presque une règle générale que partout
où il y a des mœurs douces, il y a du commerce,
et que partout où il y a du commerce, il y a mœurs douces.
Montesquieu *De l'esprit des Lois*

Vénération de la force, dédain pour l'échange

Pour obtenir quelque chose d'un homme, il n'y a guère que quatre moyens : la persuasion, l'échange, la force ou la ruse. Les deux premiers modes supposent le consentement conscient de l'individu. Ruse ou force sont des manières d'abuser la volonté d'autrui : abus de confiance et abus de pouvoir.

Le politique utilise principalement la force et la ruse. La ruse pour prendre le pouvoir en démocratie en particulier par des promesses intenables.

En d'autres circonstances, le pouvoir s'arrache plus souvent par la force : assassinat, bataille, guerre, révolution, coup d'État, conquête.

Une fois au pouvoir, le politique utilise la contrainte de la loi dont les prescriptions sont accompagnées de menaces de sanctions, telle une escouade de gardes armés prêts à exercer la coercition.

Le marchand honnête utilise normalement la séduction et l'échange ; sauf quand il est en position de monopole et seul à pouvoir fournir une marchandise ou un service indispensable. Dans ce cas, il existe un rapport de force à son avantage.

L'intellectuel procède normalement par rhétorique, du moins quand il est laïc. Les intellectuels religieux utilisent un mélange de persuasion et de peurs ; ils ont même parfois recours à la violence. L'adhésion des croyants peut résulter d'une attirance de la religion pour ses valeurs ou le paradis, mais elle peut aussi tenir de la crainte de Dieu et des châtiments qu'il réserve aux pêcheurs et aux infidèles après la mort. Les prêcheurs manient « la carotte et le bâton ».

Il y a toujours eu, quelque part dans le monde, des intellectuels religieux qui prônaient la violence, allant jusqu'à la peine de mort, pour imposer leurs croyances et cela continue : les inquisiteurs n'étaient-ils pas des intellectuels religieux chargés de déceler par un questionnement habile, parfois aidé par la torture, l'influence du diable chez les blasphémateurs, sorciers et autres hérétiques ; de nos jours, les plus intégristes des musulmans ne prêchent-ils pas la peine de mort pour les mécréants et les apostats ?

Que serait devenu aujourd'hui notre civilisation si les grandes religions avaient décrété que seul Dieu est pouvoir et que toute tentative terrestre pour s'approprier une parcelle de cette prérogative divine est péché mortel ? Les démons ne sont-ils pas des anges déchus qui revendiquaient un pouvoir égal à celui de Dieu ? En toute logique, tout pouvoir n'émanant pas de Dieu devrait être d'essence diabolique.

En pratique, jusqu'à la fin des monarchies, la plupart des religions préféraient renverser la proposition : si quelqu'un détient le pouvoir, c'est qu'il a reçu une délégation divine qui lui vaudra un sacre le moment venu.

Sur ce point l'islam diffère des autres religions. Dès la mort de Mahomet, sunnites et chiites ont choisi deux imams différents pour guider la communauté des musulmans, la « oumma ». Les chiites ont désigné Ali le gendre du prophète puis ses descendants. Les sunnites ont préféré Abou Bakr, un compagnon de Mahomet. Les sunnites acceptent que l'autorité religieuse et le pouvoir politique soient incarnés par la même personne, les chiites prônent une séparation claire. Au Maroc, majoritairement sunnite, le roi est commandeur des croyants, tandis qu'en Iran, à tendance chiite, les ayatollahs sont indépendants du pouvoir exécutif.

Le pouvoir est sacré lorsqu'il émane de Dieu ou du peuple

Le roi d'Égypte est l'incarnation du Dieu Amon ; les cultes hellénistiques attribuent un caractère divin aux rois ; Alexandre s'est proclamé Dieu ; Rome divinise ses empereurs ; l'Église romaine prêche que tout pouvoir vient de Dieu : c'est le Pape qui le transmet au roi par le sacre ; pour les protestants *cujus regio, ejus religio,* littéralement « tel prince, telle religion »: le souverain peut imposer sa religion au peuple ; même Napoléon Bonaparte, pur produit de la Révolution, s'est fait sacrer Empereur des Français par le Pape Pie VII à Notre-Dame.

Quant au socialisme, il a déifié l'idée de peuple et s'adonne volontiers au culte de la personnalité. En décembre 1949, le soixante-dixième anniversaire de Staline nommé le *Petit père des peuples* « fut l'occasion de ce qui fut peut-être la plus extraordinaire manifestation d'adoration publique qu'un être humain ait suscitée au XXe siècle [...] Car la vie et les hommes ont élu Staline pour figurer sur terre leur espoir sans bornes », écrivait alors dans une ode à Staline le poète français Paul Eluard[8].

Dans les pays musulmans sunnites, le pouvoir idéal est celui qui réunit sur une même tête pouvoir temporel et autorité religieuse. Mais dans de nombreux cas le pouvoir politico-militaire et les autorités religieuses sont distinctes

---

[8] *Joseph Staline "Le Petit Père des peuples"* Encyclopedia Universalis

avec une variété de situations qui vont de la collusion totale jusqu'au conflit parfois armé et à la guerre civile.

Le désir de domination et la quête du pouvoir ne sont-ils pas les principales causes des guerres, des massacres et des luttes fratricides ? Pourtant l'humanité n'est jamais parvenue à se débarrasser de cette aura divine dont elle entoure les gouvernants.

En France, depuis l'origine sont respectés ceux qui ont conquis du pouvoir sur les autres par la force ou par la religion : les princes, les aristocrates, le clergé. L'État est respecté parce qu'il a le monopole de la violence légitime (Max Weber).

La Révolution a redistribué les cartes du pouvoir. Elle a commencé d'éliminer le clergé catholique définitivement séparé de l'État en 1905. Désormais, le pouvoir résulte d'élections par le peuple. Mais la France, pour son administration permanente, a remplacé à la tête des institutions publiques l'aristocratie de naissance par l'aristocratie de concours.

La fortune apanage historique du pouvoir

Historiquement, le pouvoir politique a été et reste la principale source des fortunes dans les pays peu démocratiques.

Grâce à leur pouvoir militaire, les pharaons égyptiens réquisitionnaient des récoltes pour les stocker et les redistribuer au peuple. En fait, il s'agissait d'un commerce d'État. Le Pharaon était Dieu, propriétaire du pays et unique marchand. Il amassait ainsi un considérable stock de nourriture équivalent à une grande fortune.

Les empereurs romains, maîtres des armées, étaient les plus importants propriétaires agricoles et industriels. Ils possédaient une troupe importante d'esclaves pour cultiver leur domaine. Ils affichaient volontiers leur opulence. Bien d'autres citoyens romains s'enrichissaient par la force ou le pouvoir, butins pris aux vaincus ou pouvoir territorial.

Les seigneurs féodaux étaient à l'origine des combattants qui avaient conquis leurs terres par la violence. Par la suite, ils protégeaient ceux qu'ils autorisaient à travailler sur leurs terres qui devenaient leurs sujets. Ils prélevaient une partie importante de leur production agricole, accumulant parfois une fortune considérable. Les rois n'étaient que des seigneurs plus puissants que les autres qui agrandissaient leur territoire par mariage ou par conquêtes. Ils affichaient leur richesse : terres, châteaux, carrosses, habits, serviteurs, et fêtes. Les aristocrates transmettaient pouvoir et argent à leurs descendances.

La richesse était la marque du pouvoir. Fouquet, gérant du Trésor royal s'était enrichi tandis que s'appauvrissait son maître Louis XIV. Et comble de l'impudence et de l'imprudence, il se montra aussi fastueux sinon plus que le roi. Il fut accusé de détournement de fonds publics et de crime de lèse-majesté, ce qui lui valut d'être emprisonné à vie.

Les chefs d'État africains, les dictateurs sud-américains, les princes moyen-orientaux, les « empereurs rouges » qui ont succédé à Mao, les potentats locaux dirigeants des partis communistes de divers pays, les présidents-tsars en Russie et, même dans les démocraties, les monarques constitutionnels désormais sans pouvoir s'inscrivent dans cette lignée : le pouvoir a été la source de leur enrichissement.

La corruption omniprésente dans les régimes dictatoriaux fait quelquefois également la fortune des élus et des bureaucrates, même dans des pays apparemment démocratiques. Parmi les sources de fortunes obtenues par la violence, il faut citer le pouvoir des chefs de gang ou de mafia qu'il s'agisse de capitaine-corsaire ou de baron de la drogue.

Certains politiques comme les princes saoudiens ou certains dictateurs africains choisissent d'étaler leur opulence, mais la plupart préfèrent la cacher. Car la Révolution française de 1789, et les régimes démocratiques qui ont suivi ont changé les codes : les gouvernants sont au service du peuple, ils doivent se montrer désintéressés et incorruptibles. En théorie, cette morale s'applique aussi aux pays socialo-communistes, mais dans la réalité les dirigeants de ces régimes profitent largement de l'usufruit d'un patrimoine public considérable, ce qui ne les empêche pas d'enrichir également discrètement leur famille.

Le niveau de chacune de ces fortunes obtenues par la force, par le détournement de fonds publics, par la corruption, par des activités criminelles ou par l'héritage n'est pas connu.

La richesse obtenue par l'échange n'est-elle pas la seule légitime ?

La richesse des grands marchands résulte de la production et de la vente de biens, de produits et de services, c'est à dire d'un processus d'échange et non d'une captation par la force, comme les princes ou les dictateurs qui les avaient précédés dans l'ordre de la richesse.

La concurrence entre marchands place le client final en position d'égalité ou de force. Mais elle peut aussi donner l'avantage au marchand qui atteint la plus grande taille et qui capte la plus grande part d'un marché. Dans ce cas s'établit un rapport de force entre les gros marchands et les petits. Ainsi les hyper et supermarchés ont éliminé progressivement les petits commerçants, sauf ceux qui apportaient un service dont les coûts ne peuvent pas baisser avec la massification comme les coiffeurs, les agences immobilières, ou les magasins de bouche.

La taille et la possibilité de passer d'importants volumes de commandes permettent des prix d'achat plus bas. Une centrale d'achat est en position de force par rapport à une PME, elle reste parfois en position d'égalité par rapport à une multinationale. Ce rapport de force, défavorable au petit marchand, tourne à l'avantage du plus faible de tous les maillons de la chaîne : le particulier client final qui paye in fine des prix moins élevés.

Si, dans les temps anciens, les politiques étalaient leur opulence comme marque du pouvoir, désormais ils la cachent. En revanche, celle des marchands est médiatisée. Les États ont édicté des lois pour connaître les gains et la fortune des marchands dont ils tirent l'impôt. Les sociétés cotées en bourse sont obligées d'afficher les rémunérations et plus-values en capital des dirigeants. En France, cette publication a pour effet d'exciter la jalousie des politiques, des intellectuels, des bureaucrates et de toute la population.

L'Église catholique a choisi de sacraliser le pouvoir et d'appeler au dédain de l'argent, l'instrument de l'échange, ce qui n'est pas le cas du protestantisme qui reconnaît à ceux qui s'enrichissent une prédestination favorable.

En France, le pouvoir, qui venait de Dieu auparavant et qui vient désormais du peuple, est sacré et l'argent est vil sauf si c'est l'argent du prince qui gouverne. Seul le Trésor public manipule un argent noble presque sacré, même s'il vient de butins pris sur des vaincus ou de la dépossession de citoyens qui l'ont acquis par leur travail.

En France, l'argent utilisé ou distribué par l'État et les collectivités publiques est trop souvent considéré comme émanant de ces institutions elles-mêmes. L'argent public vient de sources si nombreuses qu'une grande majorité des Français n'établit pas le lien avec les impôts. D'ailleurs en français on n'emploie pas l'expression « payeur d'impôts », mais le terme beaucoup plus vague et honorifique de « contribuable » : il pourrait faire croire que les Français généreux ont décidé eux-mêmes de « contribuer » à tous ces prélèvements.

Ce n'est pas le cas des Américains qui emploient pour l'argent de l'État l'expression réaliste de « *Tax payer money* » l'argent du payeur d'impôts. Ils ne se sont pas laissés abusés par nos machiavéliques inspecteurs des finances. Leur ADN historique est celui de colons venus sur ce territoire pour des raisons principalement économiques. Aujourd'hui, on les appellerait des « migrants économiques ». Les États-Unis ont été fondés par des Européens autonomes et courageux de diverses religions qui n'avaient qu'un objectif : trouver un territoire où travailler pour gagner leur vie, en hommes libres.

Dans ce contexte historique, celui qui réussit, l'homme qui mérite le respect, c'est celui qui devient riche par son travail. Et ce n'est pas l'argent de l'État que les exécutifs utilisent, mais bien le leur, celui des contribuables.

Pour les Français, le peu de pouvoir que donne l'argent est illégitime. L'argent de l'État laïque appartient au peuple, tandis que l'argent du marchand vient de l'exploitation du peuple. Pour être élu président de la République ou être nommé ministre, mieux vaut ne pas être un riche entrepreneur qui a fait fortune dans les affaires.

Aux États-Unis, la richesse est la marque des vertus les plus nobles : le courage et l'ardeur au travail, qualités reconnues aux pionniers de la conquête de l'Ouest. Les hommes d'affaires fortunés y sont admirés et peuvent utiliser leurs avoirs pour financer leur campagne électorale, sans plafond.

Dans les vieilles civilisations, pendant des millénaires les politiques et les intellectuels (religieux, philosophes, scribes, clercs) ont considéré comme normal que la force légitime fasse la fortune du détenteur du pouvoir.

Pour les intellectuels des pays historiquement catholiques, le désir de domination est louable tandis que celui d'amasser de l'argent est critiquable sinon condamnable. La convoitise et la jalousie sont nobles quand l'objet du désir est le pouvoir et deviennent des comportements honteux quand il s'agit de biens matériels ou d'argent.

Pourquoi est-il plus noble de vouloir être maître que de vouloir être riche ? D'où vient cette prime morale aux chefs ?

Serait-ce une pensée naturaliste qui reconnaît la nécessité de mâles dominants pour la conservation et l'amélioration de l'espèce ?

Pour les sociétés évoluées et plus importantes en nombre, le pouvoir est-il d'un ordre moral supérieur en tant qu'instrument de l'ordre social nécessaire à la survie de la collectivité et de l'espèce ?

En fait, c'est le pouvoir ainsi sacralisé qui dicte la morale. Ce sont les politiques qui décident ce que nous avons le droit de dire et de penser. Ce sont ces politiques qui se sont sacralisés eux-mêmes en tant qu'« élus du peuple » après avoir été « élus de Dieu ».

En France, le Président de la République et les membres du gouvernement ont sans cesse à la bouche « les valeurs de la République ». Et les médias sont astreints à un « politiquement correct » très strict.

Dans les malheurs de l'homme, le pouvoir tient le premier rôle. Incontestablement, il précède l'argent. Les pires tyrans n'ont jamais manqué d'intellectuels pour travailler à leur gloire. Très peu de grands marchands ont eu ce privilège.

La raison qui s'impose ou la raison qui séduit

« J'ai raison parce que je suis élu », qui n'a pas entendu cette phrase prononcée maintes fois par des politiques. N'est-ce pas le type d'arguments qu'ils privilégient in fine ? L'Histoire nous apprend que la volonté d'avoir raison a conduit les princes à utiliser tous les moyens : la dialectique et le raisonnement pour commencer et si cela ne suffit pas, les menaces, la contrainte par corps, la torture et enfin la mort. Les vivants ont toujours raison sur les morts.

Avoir raison d'emblée et à tout prix, n'est-ce pas le début du totalitarisme ? Avoir raison par la voix de Dieu, avoir raison par la règle, le règlement, la férule, la loi et l'emprisonnement, avoir raison par « raison d'État »...

Combien de prophètes, de religieux, de rois, de princes, de généraux, de croisés et de révolutionnaires et même d'intellectuels ont eu raison par le fer, le feu et le sang ? Lénine n'était-il pas un intellectuel, fils d'un professeur anobli par le tsar ? Combien de morts lui a-t-il fallu pour avoir raison ? Il y a beaucoup de manières d'avoir raison qui font parfois préférer ceux qui ont tort !

S'il y eut des idéologues qui ont eu raison par la violence jusqu'à une époque récente, les intellectuels contemporains préfèrent entraîner la conviction par la qualité de leurs discours et de leurs écrits. Toutefois, certains continuent toutefois de rêver à une révolution comme Alain Badiou. D'autres ont poussé des politiques à faire la guerre toujours au nom de bons sentiments comme le respect des droits de l'homme. Selon certains médias, le philosophe Bernard-Henri Lévy aurait joué un rôle dans la décision du président Sarkozy d'intervenir en Libye contre Kadhafi : on connaît le résultat.

Les marchands aussi cherchent à avoir raison. Mais pour eux avoir raison c'est susciter le désir de leurs produits ou services et l'adhésion à leurs marques. Nulle violence dans leurs arguments.

Il y a deux manières d'avoir raison, celle des politiques qui impose et celle des marchands qui séduit. Les intellectuels utilisent l'une ou l'autre suivant l'époque ou les circonstances.

D'après le fameux polémologue G. Bouthoul, les guerres réellement provoquées par des motifs économiques ont été extrêmement rares. C'est pour faire croire qu'ils sont des gens sérieux que les gouvernements ambitieux ou impopulaires, les fanatiques religieux, et les militaires avides de gloire ont invoqué le motif économique.

Les marchands ont besoin de la paix pour prospérer. Voltaire l'avait bien compris quand il dit du règne de Louis XIV, le plus grand des rois de France : « La guerre avait ruiné la France, et les marchands la sauvèrent[9]. »

L'échange marchand bénéficie à tous

Si le Christ vitupérait les riches, c'est, semble-t-il, parce qu'il croyait, comme les gens de son époque, que l'échange est un jeu à somme nulle. Le profit de l'un n'est-il pas une perte pour l'autre ?

Catholiques et socialistes n'ont jamais pu échapper à l'écrasante évidence, hélas trompeuse, de cette funeste algèbre. En vertu de ce principe, celui qui s'enrichit a spolié ses compatriotes, le riche a ruiné le pauvre, le capitaliste a exploité le prolétaire et le commerçant prospère a volé sa clientèle.

C'est pourquoi catholiques et socialistes ne conçoivent le progrès social qu'en termes de redistribution : prendre aux riches pour redonner aux pauvres. Mais, à partir d'un certain niveau de prélèvement sur l'échange, ils tombent

---

[9] Voltaire *Le Siècle de Louis XIV* Poche Paris 2006

alors dans l'échange à somme négative, celui qui décourage le riche de continuer d'entreprendre et détruit des richesses au lieu d'en créer. In fine, ce genre de redistribution historiquement catholique puis socialiste appauvrit d'abord le riche puis le pauvre.

Toutefois, les catholiques comme les communistes ne se font pas d'illusions. Pour les premiers, l'amélioration du sort des pauvres se situe plutôt dans l'au-delà après la mort, pour les seconds, dans un « avenir radieux » longtemps promis aux générations futures, sans succès.

L'éternelle supériorité du politique sur l'économique, de l'idéologue sur le marchand a pour fondement la primauté de la force sur l'échange.

La plupart des intellectuels n'ont pas compris que le progrès économique a pour base rationnelle l'échange à somme positive, celui qui paradoxalement améliore la vie du pauvre en même temps qu'il enrichit le riche, et bénéficie au commerçant comme à son client. Ces échanges sont qualifiés de *« gagnant-gagnant »*, tel celui des boulangers et de leurs clients dans l'exemple cité par Comte-Sponville à propos du marché.

La démocratie américaine est née du désir du peuple d'avoir un droit de regard sur l'impôt prélevé : *« No taxation without representation »*. La démocratie, à ses débuts, du moins aux États-Unis, obéissait au principe de l'échange : quels services rendra l'État en contrepartie des impôts ? Un échange « *gagnant-gagnant* » à l'époque.

Ce n'est pas la philosophie de l'État-providence français. Il est le maître, c'est lui qui décide ce qui est bon pour le peuple, il ne lui rend plus compte : une complexité machiavélique introduite au fil des ans par les gouvernements et l'élite bureaucratique française a enlevé au peuple et à ses représentants le contrôle des finances publiques. L'État-providence français « octroie » il n'échange pas.

Les marchands font rêver les riches et les classes moyennes, les idéologues font rêver les plus pauvres : à chacun son troupeau ! Les marchands voudraient rendre riches les pauvres pour les avoir comme clients ; les idéologues préfèrent rendre pauvres les populations riches pour les avoir comme militants.

Pourquoi les idéologues sont-ils toujours gagnants ? Parce que, même dans une économie développée, prospère et sociale comme le fut la France pendant les « Trente Glorieuses » : il y a toujours des moins aisés qui se considèrent comme pauvres et de vrais pauvres. Ces deux groupes sociaux sont assurément jaloux des mieux lotis. Les citoyens appartenant à ces catégories sont très nombreux en France, surtout en période de chômage élevé.

L'égalitarisme est la meilleure des promesses pour attirer le maximum d'électeurs. Mais l'égalité totale des hommes qui naissent inégaux en intelligence, talents, qualités de caractère ne peut s'obtenir que par une contrainte implacable qui s'exerce sur tous. Ce nivellement ne peut être obtenu que par un régime autoritaire qui peut basculer, insidieusement ou brutalement, dans le totalitarisme.

Le marché, dernier espace de liberté et d'égalité

Aucune société ne peut fonctionner sans un système de régulation. La hiérarchie et la planification ont pour fondement des directives, des objectifs et des contraintes : principe de la force. Le marché rapproche des offres et des demandes : principe de l'échange. Le communisme substitue la régulation par la force à la régulation par l'échange. C'est pourquoi la terreur et le goulag lui sont consubstantiels.

Un philosophe comme Comte–Sponville qui ne peut être suspecté de gauchisme écrit dans son dictionnaire philosophique à propos de l'anarchie : « La justice sans la force n'est qu'un rêve. Ce rêve est l'anarchie. La force sans la justice est une réalité : c'est la guerre, c'est le marché, c'est la tyrannie des plus puissants ou des plus riches. »

Belle phrase ! Que la guerre soit la force sans la justice est peu contestable. Mais écrire que le marché est la tyrannie des plus riches est une exagération. Il eut fallu qu'il précise *le marché dans le cas d'abus de position dominante* : c'est sur ce point qu'une réglementation des États est absolument nécessaire et que la justice intervient.

Toutefois ces cas sont assez rares dans un monde où la concurrence est mondiale sur la plupart des marchés, concurrence vigoureusement critiquée par les populistes de gauche comme de droite.

Mais il est une vérité soigneusement cachée par les intellectuels de la pensée dominante : le marché est, au niveau mondial, le plus puissant instrument de justice sociale car il a sorti de la misère la plus noire, des centaines de millions de paysans chinois bien éduqués et travailleurs. Aujourd'hui, ils constituent une classe moyenne comparable à celle de l'Europe. Le marché a fait en trente ans ce qu'aucun gouvernement n'aurait pu faire par décret ou par révolution. Pourquoi ? Parce qu'en Chine, il a libéré l'intelligence et l'énergie de plus d'un milliard d'êtres humains qui ont voulu gagner plus d'argent.

Paradoxalement, le socialisme de marché de la Chine a également été un véhicule de justice sociale dans les pays occidentaux importateurs de produits chinois : il a permis à une masse de consommateurs européens ou américains d'acquérir des produits ou des objets, auparavant trop chers pour eux.

Certes, des productions ont été délocalisées, mais elles n'ont créé du chômage que dans les pays mal gérés par leurs gouvernements, pays dont les entrepreneurs sont étouffés par un État excessivement bureaucratique et des syndicats trop puissants, comme la France. L'Allemagne, malgré ses importations de Chine, garde une balance commerciale excédentaire.

Mais revenons à cet argument : « la force sans la justice… c'est le marché, c'est la tyrannie… des plus riches. Les intellectuels, pour la plupart, ne sont pas choqués par la phrase de cet éminent philosophe. Pourtant, au cours de leurs études ou de leur carrière, principalement dans le secteur public, ces brillants sujets n'ont pas eu à subir la tyrannie des plus riches en France.

Que ces intellectuels nous expliquent quelle « tyrannie » leur fait subir madame Liliane Bettencourt, principale actionnaire de L'Oréal, importante firme de cosmétiques ou monsieur Bernard Arnault, actionnaire et président du groupe LVMH qui vend des produits de luxe aux riches du monde entier. Deux personnes notoirement parmi les plus riches de France.

En fait ceux qui disent cela sont « platoniciens », ils sont plus attachés à l'idée qu'au réel : ils ont conservé, dans leur excellente mémoire de bons élèves, les enseignements de leurs professeurs marxistes qui décrivaient les capitalistes comme d'horrible exploiteurs des ouvriers dont les salaires étaient si bas qu'ils n'avaient presque pas accès au marché. Ils appliquent un préjugé archaïque à un monde qui n'est plus le même.

Dans une économie de marché, à celui qui est à l'échelon le plus bas de toutes les hiérarchies, il restera toujours un pouvoir : celui du consommateur, le pouvoir de choisir l'objet ou le service qu'il veut, exerçant sa propre volonté à cet instant — faible prérogative pour les plus pauvres —, mais liberté et pouvoir réel.

Le collectivisme intégral, que la Chine avait imposé à l'époque de Mao, avait éliminé cette dernière parcelle de pouvoir de l'individu même pauvre. Vouloir partout réduire le pouvoir de l'argent privé, c'est remplacer l'échange par l'attribution ou le don, fait du Prince. C'est enlever aux libertés leur dernier refuge. Le passage au tiers payant des médecins en France ôtera fatalement à terme la possibilité de choisir son médecin. Quand le peuple s'en apercevra, il sera trop tard.

L'homme qui dit « j'achète » est libre et autonome. Celui qui entend « je t'octroie » est dépendant et soumis. C'est ce deuxième homme, dont rêvent les gouvernants et leur bureaucratie.

L'égalité par le « low-cost » plutôt que par l'impôt

Les marchands contraints par la concurrence n'ont cessé de baisser les prix des produits et services. Pour continuer à gagner de l'argent tout en baissant les prix il fallait augmenter les quantités. Et pour atteindre des prix très bas, il fallait passer à une production de masse, donc mettre les produits à la portée de la majorité des citoyens. Chacun sait que le premier à avoir promu cette idée fut Henry Ford, le grand marchand américain d'automobiles. « Je construirai une voiture automobile pour le plus grand nombre », avait-il déclaré en octobre 1908 et il conçut la Ford T.

Désormais, la plupart des ménages peuvent acheter des produits électroménagers et des véhicules.

Les marchands rétablissent l'égalité en diminuant les prix des biens et services pour les rendre accessibles à une masse toujours plus grande de clients et in fine aux moins aisés, ce faisant ils sont des vecteurs d'une égalité positive qui profite à tous.

Au cours des dernières décennies, le « low-cost » a accentué le phénomène. Le « low-cost » fait peut-être plus pour l'égalité réelle des populations que la redistribution par l'impôt. Mais quels économistes oseraient s'emparer de ce sujet ? Ils appartiennent à un monde cogéré par les syndicats dont le mot « productivité » est banni. Leur inféodation aux collectivités publiques les empêche de prendre conscience de ce phénomène massif et surtout de le mesurer : il pourrait apparaître que les marchands contribuent grandement à l'égalité, peut-être autant sinon plus que l'État.

Les services publics qui s'adressent d'emblée à une grande masse d'utilisateurs auraient dû être les premiers à faire baisser leurs coûts et concomitamment leurs tarifs ou les impôts.

Mais la plupart des services publics sont fournis par des administrations et des entreprises nationales monopolistiques dont l'organisation est figée par le statut du personnel et verrouillée par les syndicats. La baisse du coût de leur production de biens ou de services est parfois un objectif de leurs dirigeants, mais ils se heurtent à l'opposition de puissants syndicats qui stoppent le service par la grève et prennent la population en otage. Trop souvent, le gouvernement demande à ces courageux dirigeants de renoncer à ces progrès.

Rares sont donc les services publics qui pourraient faire du « low-cost » sans mettre en danger leur situation financière ou faire appel aux contribuables pour diminuer le prix aux usagers.

En réalité, les coûts des services publics ne cessent de croître, ce qui se traduit par une augmentation des impôts qui à l'image les taxes foncières et taxes d'habitations mettent en difficulté les ménages modestes.

Mais les choses peuvent changer. Les Français, excédés par la mauvaise gestion du secteur public, son parasitisme et son impuissance à résoudre les problèmes, sont de plus en plus nombreux à contester son emprise sur la société et sa coûteuse enflure.

Le marché, lieu de solidarité et de paix

Les marchands qui se réunissent pour discuter, négocier, troquer, échanger, encaisser de l'argent ont en commun le désir de le faire sans risquer d'être dépouillés par un tiers violent. Tel est le fondement de leur solidarité : faire du marché un lieu sécurisé où pourront s'effectuer leurs échanges pacifiques.

Dans l'antiquité, ils vont dresser leurs étals aux abords des temples sous la protection des dieux et des gardiens. Ils peuvent développer l'économie d'une région si elle est en paix et la sécurité de leur activité assurée.

« Rome sans compter importe le nécessaire et le superflu… Rome paye bien et ses fournisseurs s'enrichissent. C'est un sort profitable que d'être colonie romaine… [10]». La sécurité dans l'Empire assurée par les invincibles légions aux frontières et les voies romaines qui facilitent le commerce : tels ont été les deux facteurs de la puissance de Rome.

Mais, à une excessive liberté, succède bientôt la contrainte. L'Empire romain sombre « dans l'étatisme : le commerce y perd sa raison d'être. L'étatisme se manifeste d'abord par l'impôt : c'est son chemin d'approche favori ».

L'Empereur Dioclétien en 301, par l'édit du maximum, va jusqu'à instituer le blocage des prix et des salaires, interdire d'importer ou d'exporter certaines marchandises. L'État s'adjuge des pans entiers de l'économie qui périclite. Rome « s'enlise dans la bureaucratie et l'anarchie ». Rome tue son commerce, dévalue sa monnaie, perd son or et son argent qui avait afflué dans ses caisses au moment de la conquête, ne parvient plus à payer ses fournisseurs et ses armées. La ruine financière de l'Empire le rend incapable de résister aux invasions barbares.

---

[10] *Histoire des marchands* op.cit.

La *Pax Romana* (Ier et IIe siècle apr. J.-C.) a duré tout le temps que les échanges commerciaux ont continué librement entre Rome et ses colonies.

Plus tard, après l'effondrement de l'Empire romain et les grandes invasions, les marchés se sont installés aux abords des abbayes et des couvents.

Puis ils ont migré au pied des châteaux forts pour y installer les lieux d'échange sous le nom de « foires » : ils se plaçaient ainsi sous la protection de la noblesse, du moins celle qui ne les taxait pas excessivement, comme les comtes de Champagne.

Les « souks » sont des lieux clos où les marchandises et les transactions sont à l'abri des intempéries et des voleurs. Depuis l'antiquité, il est interdit d'entrer avec des armes dans le « souk ».

Quand une solidarité marchande s'établit entre deux nations, la paix s'installe et peut durer longtemps. C'est ce qui se produisit, dès le XIIe siècle, entre l'Angleterre et la Flandre : la première vendait sa laine aux drapiers flamands qui la tissaient.

Mais le meilleur exemple est actuel : c'est le Marché commun fondé en 1957. Il a institué, à partir de 1993, les quatre libertés marchandes fondamentales : libre circulation des biens, des personnes, des services et des capitaux.

Ce marché commun a maintenu la paix et une solidarité effective entre les toutes les nations devenues membres depuis sa création (28, en 2016 avant le Brexit). Cela fait déjà 60 ans pour les premières que dure la « *Pax Europeana* ».

Mais, à ce Marché commun et à la CEE, les États ont superposé l'Union européenne. Elle a généré une bureaucratie importante qui a promulgué des directives, des normes et des règlements qui ont amélioré la sécurité des consommateurs, mais réduit les libertés des marchands et leur puissance ainsi que celle des États. Ces contraintes expliquent en partie l'essor des mouvements populistes réclamant le retour à la souveraineté de leur pays.

Un referendum, consultation à risque populiste, initiée par le gouvernement Cameron au Royaume-Uni oblige ce pays à sortir de l'Union européenne. Quelles en seront les conséquences économiques et géopolitiques pour le Royaume-Uni et pour l'Europe nouvelle ? Pour l'heure, nul ne peut les prévoir avec un minimum de certitudes.

Politiques et marchands : deux conceptions de l'argent

Dans les démocraties modernes, l'argent a remplacé l'épée pour la conquête du pouvoir et sa conservation.

L'argent est nécessaire pour le fonctionnement des partis politiques et pour les campagnes électorales : affiches, tracts, organisations des meetings, locations de salles, sondages, publicité dans les médias, etc.

L'argent distribué par les politiques est le moyen de conquérir les foules. Avant les élections, les candidats promettent de l'argent sous différentes formes : subventions, crédits budgétaires, aides aux plus défavorisés, réductions d'impôts, niches fiscales, allocations aux familles, augmentations de la rémunération des agents publics, recrutements de fonctionnaires, crédits à la culture, dotations aux territoires… la liste à la Prévert des promesses inventées à chaque élection est évidemment infinie et consternante. C'est déjà une bonne explication des déficits, car il faut bien tenir quelques-uns des engagements pris.

En réalité, en démocratie, hormis dans les situations de guerre étrangère ou civile, de terrorisme, de conflit social ou religieux, ou « d'affaires », c'est à dire dans un contexte non perturbé où les électeurs votent relativement rationnellement en fonction de leurs intérêts, les votes s'achètent par des promesses de subsides ou d'exonérations, parfois payés en « monnaie de singe ».

Dans l'esprit des politiques, argent et conquête du pouvoir sont étroitement liés.

L'État moderne, quel que soit le gouvernement, n'a que deux moyens d'action à l'intérieur des frontières : la réglementation et l'argent qu'il prélève et redistribue.

La réglementation et les normes quand ils prolifèrent comme au cours du dernier demi-siècle règlent les activités des marchands et la vie quotidienne des citoyens dans le moindre détail jusqu'au plus intime. La dictature des lois et des normes devient un absolutisme systémique exercé par une bureaucratie anonyme. Le dictateur n'est plus un homme connu de tous, mais les milliers d'agents des entités publiques d'un État-providence démesuré. Les syndicats exercent une forte poussée sur les gouvernements dans ce sens. Partout, ils réclament la substitution de la règle et du statut à la relation personnelle et au contrat privé.

Les syndicats de salariés très peu représentatifs détiennent en France un pouvoir institutionnel considérable accordé par la loi en particulier dans les fonctions publiques dont ils cogèrent le personnel. Leur pouvoir, principalement de blocage des réformes de la société et de l'État, est plutôt supérieur à celui des partis politiques, car il est installé dans la durée.

Dans le cadre du paritarisme, ils dirigent une multitude d'entités qui relèvent de la « protection sociale » et représentent une masse de dépenses publiques supérieure au budget de l'État.

Au nom du dialogue social, ils contribuent à fixer les règles du fonctionnement de l'économie la tirant de plus en plus vers une économie de type collectiviste et étatique qui correspond à leur idéologie, majoritairement antilibérale. La plupart des syndicalistes français n'ont pas tiré les leçons de l'histoire : ils n'ont pas appris ou compris que ces systèmes économiques fonctionnent très mal et conduisent les pays à la ruine, à l'instar de l'URSS avant 1989, de la Chine de Mao et encore aujourd'hui de Cuba, de la Corée du Nord ou du Venezuela.

La puissance de ces syndicats, associations privées, non élues démocratiquement par l'ensemble du peuple, est devenue une altération grave de la démocratie.

La réglementation, principal outil des politiques et des syndicats, est souvent présentée comme une protection du citoyen contre les maux et les risques de la société. Pourtant elle n'a pas une bonne image, car c'est toujours une restriction des libertés accompagnée d'une menace de sanction. C'est de l'ordre d'un pouvoir punitif.

A contrario, l'allocation d'argent est infiniment plus positive : elle n'apporte que du bien. C'est un pouvoir doux, presque maternel.

Dans une démocratie, la désignation des bénéficiaires de cet argent par les lois de finances est l'acte régalien le plus important de l'année.

L'argent pour les politiques est donc un instrument essentiel du pouvoir. Avec une dépense publique à 57 % du PIB en France l'État-providence a placé la majorité de la population dans la dépendance totale ou partielle de ses subsides, autre forme d'absolutisme par l'argent. Les intellectuels français, qui sont majoritairement des agents de l'État, critiquent les gouvernements successifs et leur politique, mais restent fondamentalement étatistes. Ils ne peuvent s'en prendre à leur maître direct, celui qui les nomme et les nourrit. Ils voudraient plutôt obtenir davantage de subsides de sa part et sont favorables à son extension.

Pour Marx « L'argent, qui possède la qualité de pouvoir tout acheter et de s'approprier tous les objets, est par conséquent l'objet dont la possession est la plus éminente de toutes. Universalité de sa qualité est la toute-puissance de son être ; il est donc considéré comme l'être tout-puissant... ».

Dans l'esprit des politiques et des intellectuels, il n'y a aucun doute possible : argent égal pouvoir.

Les marchands n'ont pas la même conception de l'argent. La remarquable *Histoire des marchands et des marchés* de René Sédillot, publiée par Fayard en 1964, apporte un éclairage déterminant sur cette question. Il ressort de son ouvrage, très précisément documenté et superbement écrit, que l'histoire des marchands est étroitement liée à celle des monnaies, dès lors que le paiement en monnaie a remplacé le troc.

L'argent aura été d'abord une forme de marchandise peu encombrante, de valeur symbolique souvent élevée : elle permettait d'évite les lourds inconvénients du troc. Avant de parvenir à la monnaie électronique, les monnaies ont été de petits objets, puis des pièces, ensuite des billets qui ont varié dans le temps en nature, forme, composition et dessin et enfin des écritures. Aujourd'hui ce sont principalement des bits numériques qui circulent à la vitesse de la lumière et sont stockés sur des ordinateurs ou des smartphones.

Sur les marchés du Moyen Âge, les marchands d'autres régions ou pays arrivaient avec des monnaies différentes que des changeurs remplaçaient par les monnaies que choisissaient les uns et les autres pour leurs transactions.

Le développement du commerce des marchandises et des services impliquait un développement parallèle du négoce des monnaies et des opérations qu'il suscite, c'est-à-dire du change, des écritures comptables, du crédit, de la sécurité des dépôts et donc de la banque.

L'argent pour les marchands est d'abord l'instrument de l'échange, mais c'est aussi un système de mesure. Dans la pratique, l'unité monétaire est la seule mesure commune à toutes les fonctions de l'entreprise et à toutes les composantes du produit ou du service vendu ainsi qu'à toutes les étapes de leur élaboration. In fine, elle totalise les recettes et les dépenses et dégage le bénéfice ou la perte.

Dans toutes les interventions de « l'argent du marchand », l'idée de pouvoir est complètement absente : il est question de rendements, d'économies, de productivité, de qualité, de contrôle de gestion, de parts de marchés, de marges, de prix, de trésorerie, de retards de paiements, d'agios, de bénéfices…

Dans l'esprit des intellectuels et des politiques, *argent égal pouvoir*, tandis que pour les marchands *argent égal action.*

Le pouvoir des riches marchands : une illusion !

Le marché est pratiquement la seule forme de relation où il y a égalité entre le vendeur et l'acheteur sauf comme on l'a vu en cas de monopole du vendeur. Face à des marchands en concurrence, le client est de plus en plus en position de force. Le « client est roi » a été adopté depuis la fin du XXe siècle comme devise par les bons marchands.

Le fait qu'un consommateur n'ait pas assez d'argent pour acheter tout ce dont il a besoin ou envie est une caractéristique personnelle, elle n'est pas due au marché. Le fait que les riches puissent acheter beaucoup plus que les pauvres n'a pas pour effet de placer les riches en position de tyrans.

Certes, ils peuvent dicter leur volonté à leurs collaborateurs, employés ou fournisseurs, mais c'est le cas de toutes les hiérarchies dans toutes les organisations en particulier dans les fonctions publiques. Paradoxalement, la participation aux décisions est beaucoup plus pratiquée dans les entreprises privées que dans les organismes publics.

Dans les faits, le riche n'a pas d'autres pouvoirs que ceux qu'il exerce à travers les institutions dont il est éventuellement propriétaire. Dans les démocraties modernes, et plus spécialement en France les pouvoirs des actionnaires et des dirigeants d'entreprise (qui ne sont pas tous actionnaires) sont très encadrés par une législation comptable et fiscale hypertrophiée et un droit du travail excessivement détaillé. Ils sont en permanence sous la surveillance des administrations et des syndicats.

Le pouvoir des chefs s'exerce à travers des hiérarchies qui dans la plupart des cas n'ont rien à voir avec l'argent. Le long des hiérarchies, pouvoir et argent sont déconnectés. « Le petit chef » aux revenus modestes est souvent plus tyrannique que les cadres dirigeants du haut de la hiérarchie.

Toutefois, le président ou le directeur d'une entreprise n'a pas de mal à se faire accorder une rémunération importante par son conseil d'administration : soit parce qu'il est un actionnaire soit ou parce qu'il a montré des dons de stratège et de gestionnaire irremplaçables. Ces rémunérations élevées sont liées au fait qu'il exerce le pouvoir suprême dans son organisation. C'est lui le capitaine du navire dont dépend l'arrivée à bon port.

En France, les pouvoirs publics et les syndicats considèrent volontiers comme scandaleuses les rémunérations mensuelles qui excèdent cinquante fois le SMIC. Aux États-Unis, leurs bénéficiaires sont considérés comme méritants et plutôt applaudis.

Qu'est qui est juste : l'égalité de rémunération avec les dirigeants des multinationales étrangères ou un plafonnement pour les Français, au risque d'avoir des états-majors moins talentueux ? L'idée même de « justice » implique-t-elle « l'égalité » avec ceux qui assurent les mêmes missions ou est-ce le niveau d'un « rapport » à d'autres personnes dans la hiérarchie ? Il est clair que les politiques et les intellectuels n'ont pas réfléchi là-dessus. Ils n'ont pris en compte que l'aspect sentimental de la question : la jalousie des uns et des autres.

Il reste le pouvoir sur la société des riches marchands, par le biais des institutions d'influence dont ils sont propriétaires, en particulier les médias et les banques.

Certains riches marchands achètent même des médias déficitaires, voire peu rentables, dont les perspectives économiques ne sont guère réjouissantes : ce n'est pas un comportement normal de marchand. L'intention ne peut-être cachée : il s'agit d'avoir un peu d'influence sur les politiques. Mais ils se heurtent à l'autonomie jalousement préservée des journalistes et des rédactions. Et leurs affaires pourraient pâtir d'une trop vive critique des pouvoirs en place. En réalité, c'est plus une protection de « dissuasion » qu'ils achètent qu'un pouvoir réel d'influence. Dans la vie pratique, la meilleure « dissuasion » c'est l'importance des budgets de publicité accordés aux médias : c'est une partie vitale de leurs ressources.

Les médias, y compris ceux possédés par l'État, sont en réalité dominés non par leurs actionnaires et leurs dirigeants, mais par « l'audimat », la mesure de l'audience, c'est-à-dire par leur clientèle. La pérennité des tabloïds les plus répugnants et des télé-réalités les plus avilissantes s'explique par leur succès populaire. L'État ne peut intervenir au nom de la morale présentée comme « valeurs républicaines » : il se heurte à l'incontournable et nécessaire liberté des médias en démocratie.

Quant aux grandes banques françaises, elles appartiennent à une multitude d'actionnaires. Elles ne sont plus dominées par tel ou tel riche marchand comme aux siècles précédents. La plupart sont dirigées par de hauts fonctionnaires, souvent des inspecteurs des finances. Elles sont plutôt en collusion avec l'État, quoique les anciens fonctionnaires placés à leur tête défendent leur autonomie et l'intérêt de leurs actionnaires en même temps que le leur, avec beaucoup d'efficacité.

Quelques banques comme Lazare ou Rothschild, possédées apparemment par des familles, sont très proches de l'État qu'elles conseillent pour les opérations en capital. Des membres de cabinet voire des ministres sont passés du service public à ces banques ou vice-versa. Souvent au service de l'État, ces banques et leur personnel y trouvent leur intérêt et les administrations publiques également.

Les lobbies de marchands, quand ils s'affichent et sont légalement répertoriés, comme c'est le cas à Washington et à Bruxelles, sont des associations de promotion ou défense d'intérêts particuliers, au même titre que les syndicats et des milliers d'associations privées. Il n'y a pas de différence substantielle avec les associations de pêcheurs à la ligne, de retraités, de contribuables, de malades du sida. Certes les associations de marchands ont comme atout l'argent, mais d'autres associations ont comme force le nombre de membres ou de partisans, la faveur des médias et certaines l'appui de la population et donc des électeurs, ce qui dans les pays démocratiques importe plus que l'argent.

Les politiciens et les idéologues sont agacés par l'indépendance des fortunés qui ont les moyens d'échapper à leur tutelle en quittant le pays. Ils persistent à faire croire à la population que les riches marchands ont du pouvoir à travers leurs médias, leurs banques, leurs lobbies, parfois par la corruption.

Dans la réalité quotidienne des Français, le moindre édile ou fonctionnaire muni du sceptre d'une réglementation excessive est bien plus tyrannique qu'un riche lointain dont ils ne connaissent l'existence que par les médias. Le despotisme au XXIe siècle est de type bureaucratique.

La tyrannie du monopole, privilège du secteur public

Toutefois, il ne faut pas être naïf. Les marchands cherchent en permanence à obtenir une position de force sur leur marché. C'est un des fondements de la stratégie des entreprises. Il y a domination du marché quand il y a monopole durable. Pour se procurer le produit ou le service, le client est obligé d'en passer par ce marchand-là au prix qu'il fixe ou qui est fixé par la réglementation.

Tout marchand aspire au monopole. Le jour où il l'obtient : il devient Prince. Il entre dans la catégorie de l'un, d'un détenteur solitaire d'un pouvoir : seul, sans concurrents, il peut définir ce qui est bon pour le client ou l'usager.

Le monopole devenu Prince servira d'abord les intérêts de sa Cour. Il n'existe pas de monopole dont les personnels n'obtiennent pas, à la longue, des avantages abusifs supportés par les clients ou la collectivité nationale. Si le monopole est le vassal de l'État souverain, c'est pour le peuple un suzerain de plus.

Sur un marché libre, les monopoles ne durent pas : très vite un concurrent fait aussi bien sinon mieux. En outre, les États démocratiques modernes veillent à ne pas laisser s'établir de monopoles privés. En revanche, les marchands en compétition peuvent se trouver, tour à tour, en situation de monopole temporaire : comme la seule boulangerie d'un quartier ouverte tel jour, quand toutes les autres sont fermées.

En France, l'État, sous la pression des syndicats, préserve ses monopoles publics le plus longtemps possible. Les populations découvrent à leurs dépens que les services publics — non soumis à la concurrence et non concédés par appels d'offres au secteur privé — se dégradent avec le temps : la qualité ou la fiabilité du service, l'entretien des installations ou la productivité diminuent. Ainsi, pour que la France puisse rattraper les États-Unis en matière de téléphonie, de communications et d'internet, il a fallu privatiser France-Télécom et ouvrir le secteur à d'autres entreprises privées.

Dans le cas des transports publics monopolistiques, les Français vivent sous la menace permanente de la tyrannie des syndicats qui peuvent, à tout instant, les clouer au sol par dizaines de milliers : ce qui se produit en général plusieurs fois par an, pour diverses raisons.

Les choix stratégiques des services publics sont soumis aux politiques : ils favorisent ce qui va servir leur notoriété, leur image, ou leur électorat local ou régional. Ainsi, pendant des années, la SNCF a été obligée de donner la priorité « au tout TGV » sur le renouvellement et l'entretien de certaines parties de son réseau : ce qui fait le malheur de millions d'usagers qui continuent à souffrir de la priorité politique accordée au prestige sur la commodité.

Par bonheur, les médias opèrent dans un système plus concurrentiel où s'affrontent médias privés et publics. Les entreprises privées du secteur ne coûtent presque rien à la population, sinon quelques subventions ou services publics à prix réduit. En revanche, les entreprises publiques du même secteur, souvent coûteuses et déficitaires, sont financées par des taxes, redevances et impôts qui ne cessent d'augmenter.

L'État veut conserver quelques médias sous contrôle. Cela peut se comprendre. Mais pas à n'importe quel prix pour le contribuable !

La vie des marchands n'intéresse pas le public

L'intellectuel français est fasciné par le pouvoir. II critique, mais ne jalouse pas les puissants qui gouvernent : il sait que son talent n'est pas de l'ordre du politique, il ne s'imagine pas à leur place. Pour les mêmes raisons, il ne conteste pas l'enrichissement des sportifs ou des artistes qu'il s'estime incapable d'égaler.

En revanche, il jalouse les marchands qu'il considère souvent comme moins brillants que lui. Depuis des temps immémoriaux, il attribue leur réussite, à la ruse, à la tromperie, à la dureté, à un manque d'éthique, à un goût immodéré pour l'argent, à un sens de l'économie qui relève de la mesquinerie ou de l'avarice et, depuis Marx, à l'exploitation des autres : en bref, à des caractéristiques peu honorables.

L'histoire et la littérature ont depuis longtemps identifié et honoré les talents militaires, diplomatiques, juridiques, scientifiques, artistiques et la capacité de gouverner. Mais le talent de dirigeant d'organisation marchande ne fait pas partie des aptitudes saluées par les historiens, les philosophes et les romanciers.

L'intellectuel ignore le caractère audacieux des marchands, souvent voyageurs et mêmes explorateurs qui risquent leurs économies, leur fortune et certains leur vie dans des entreprises aventureuses, parfois à l'autre bout du monde. Il ignore tout des qualités intellectuelles et humaines qui sont nécessaires à la bonne gestion d'une entreprise dans la durée.

L'intellectuel méprise le marchand par ignorance des difficultés de sa tâche tandis qu'il connaît parfaitement celle des politiques ou des militaires qu'il observe en permanence et décrit parfois. Des millions de livres ont été écrits sur les politiques : sur leur enfance, leur conquête du pouvoir, leur exercice de l'autorité, leur vie personnelle, en particulier leurs amours et leurs frasques qui passionnent le public.

Les intellectuels ne restent pas non plus dans l'ombre de leurs bureaux : ils se mettent, les uns et les autres, dans la lumière et commentent abondamment les textes de leurs prédécesseurs ou de leurs confrères. Chaque intellectuel notoire sert de matière première à ses disciples, ses contradicteurs ou ses successeurs : combien de livres sur Aristote, Platon, Jésus, Mahomet, Bouddha, Spinoza, Nietzsche, Marx !

Quant aux marchands, leur vie n'intéresse pas sauf quand ils deviennent princes et règnent sur leur cité comme les familles de marchands à Venise, Florence, Sienne ou que leur fortune devient si colossale qu'elle dépasse celle des rois.

En revanche, depuis le milieu du XXe siècle aux États-Unis, des écrivains, pour la plupart peu connus du grand public, ont publié les biographies de grands entrepreneurs qui ont marqué le monde, on peut citer sans être exhaustif :

Rockefeller (pétrole), Jack Welch (General Electric), Anita Roddick (Body Shop), Ingvar Kamprad (Ikea), Andy Grove (Intel), Steve Jobs (Apple), Elon Musk (SpaceX et Tesla Motors), Jeff Bezos (Amazon), Bill Gates (Microsoft), Michael Dell (Dell), Mark Zuckerberg (Facebook), Sam Walton (Walmart) et Meg Whitman (eBay)…

De même, depuis un demi-siècle, des livres sur le management des entreprises commencent à en faire connaître toutes les difficultés. La France a suivi avec retard, la publication d'ouvrages — souvent des traductions — sur les grands entrepreneurs et sur la gestion des entreprises : malheureusement sans le même succès de librairie. Les Américains, à la différence des Français, sont avides d'apprendre comment réussir en affaires. Parmi ces descendants de « migrants économiques », nombreux sont ceux qui ont une âme de marchand : ils cherchent à s'inspirer des grands entrepreneurs et tentent d'apprendre les bonnes pratiques dans les ouvrages sur la gestion des entreprises et le management des hommes.

Ce ne sont pas les poètes ni les romanciers qui ont inventé l'écriture : ce sont les comptables.
Christos Nuessli

On va toujours, en fin de compte, vers où l'on pèse
Antoine de Saint-Exupéry

« L'approche comptable » source de vérité

Les premières monnaies de l'homo sapiens, les paléomonnaies se composaient de coquillages, dents d'animaux, plumes, pierres, etc. Il s'agissait en général d'objets inutiles et rares. Déjà, l'inutile pouvait être précieux : force du sentiment et de la croyance chez nos ancêtres ! Ces babioles, hautement valorisées par Sapiens, servaient à s'acquitter des obligations sociales ou rituelles à l'occasion des naissances, des mariages et des deuils. Elles étaient également utilisées comme tributs compensatoires des offenses, des blessures ou des meurtres ou pour le rétablissement de la paix.

Puis toutes sortes de biens ont servi de monnaie pour les échanges commerciaux : les bestiaux et leurs peaux, les grains de cacao ou d'autres plantes, le sel, les coquillages, en particulier les cauris qui ont eu un destin planétaire. Puis est venu le temps des métaux : l'étain, le bronze et le fer, lourds et de faible valeur, les pièces frappées d'une image mêlant différents métaux et enfin les monnaies d'argent et d'or pur. Lingots et pièces ont pu servir de gage aux billets de banque puis à la monnaie scripturale même dématérialisée.

Dès le début de l'histoire de l'humanité, la confiance que l'homme leur accorde prend la puissance d'un mythe.

C'est Aristote qui le premier a défini les trois rôles de « l'argent » entendu dans le sens de « monnaie » : il peut être intermédiaire des échanges, réserve de valeurs et unité de compte.

Les politiques, les intellectuels et la population ne considèrent que les deux premières fonctions de l'argent. Ils négligent la troisième : l'unité de compte, c'est-à-dire l'instrument de mesure des activités économiques de l'homme.

Scientifiques et marchands ont beaucoup de respect pour les instruments de mesure. Les politiques craignent les chiffrages, car leur parole et leur pouvoir peuvent être contestés par des données incontestables. Quant aux intellectuels non scientifiques, ils voient dans la mesure une restriction du champ de la pensée : rien de plus méprisable que « l'approche comptable ».

L'argent comme instrument de mesure et de vérification

L'entreprise est une organisation complètement soumise à la vérité des chiffres et des comptes : quantités produites ou vendues, mesures de qualité, chiffre d'affaires, coût de production, de marketing, de distributions, de transports, investissements, amortissements, effectifs, dépenses de personnel, achats, taxes et impôts, prévisions, objectifs, budgets, résultats par personne, par équipe, par ligne de produits, par activité, par société, par pays, par région et pour le monde, et bénéfices et valeur des actions, etc.

La moindre entreprise de taille moyenne manipule des centaines de comptes et enregistre des millions de chiffres dont beaucoup en monnaie ; dans les grandes entreprises, il s'agit de milliers de comptes et de milliards de données que traitent désormais de puissants ordinateurs.

En France, un simple bulletin de salaire c'est une trentaine de lignes avec des chiffres, dont certains, en monnaie, sur deux colonnes au moins. Pour une grande partie de la population, ces comptes et ces chiffres sont d'une importance capitale. Les simplifications que la loi apporte consistent à regrouper des comptes : elles diminuent l'information fournie aux salariés sur les prélèvements, tandis que cela augmente le travail des comptables… encore du trompe-l'œil politique !

Connaître dans le détail la nature des ressources et des dépenses d'un ménage c'est déjà bien le cerner et pouvoir prévoir ses opinions sur plusieurs sujets comme la politique ou l'économie : « décris-moi le compte d'exploitation de ce ménage, c'est à dire la provenance de ses recettes et la nature de ses dépenses et je te dirai qui ils sont, ce qu'ils pensent et pour qui ils votent ! » me disait un collègue, grand spécialiste des ressources humaines.

Ceux dont une partie des ressources viennent des collectivités ou organismes publics sont, le plus souvent, des étatistes militants !

L'hypocrite mépris de « l'approche comptable »,

L'approche comptable domine la vie matérielle de la grande majorité des individus y compris des intellectuels et des politiques en ce qui concerne leurs propres ressources, leurs dépenses ou leur patrimoine. Pourtant quand il ne s'agit plus d'eux-mêmes, ils professent le plus grand mépris pour ce type de regard sur les êtres et les choses.

Les marchands n'ont pas cette hypocrisie. Car la pérennité de leur entreprise tient à une différence de quelques pour cent entre les recettes et une multitude de dépenses dont celles imposées par l'État, différence qu'on appelle le profit.

Les marchands doivent rendre des comptes à des autorités extrêmement compétentes en matière de comptabilité et finance : commissaires aux comptes, administration fiscale et marchés financiers pour les grandes entreprises. Leurs comptes sont tenus suivant des règles précises. Les tromperies sont rares et sévèrement sanctionnées.

La vie réelle d'une entreprise se lit à travers ses comptes. Le succès ou l'échec de ses produits ou services, la progression de ses diverses activités, leur localisation. Les comptes renseignent sur les problèmes, les échecs et les succès mieux que les discours. Leur analyse s'avère un exercice ardu et peu captivant même si c'est la vérité toute nue qui en sort.

Handicap plus repoussant encore : les comptes sont dénués de poésie et d'humour, de ce qui fait le charme de la vie. On comprend que les intellectuels les rejettent s'ils sont romanciers, poètes, musiciens, mais ils ne le devraient pas s'ils sont sociologues, économistes, ou philosophes.

La grande lacune universelle de la philosophie, ce serait ce refus de chercher la vérité dans les comptes. La philosophie se complaît dans le logos non mesuré, la rhétorique, la symbolique, l'imaginaire, la transcendance, la logique, mais tout cela surtout sans chiffres.

Les politiques ne souhaitent pas que la population puisse contrôler leur action, ex ante et ex post, au travers des budgets et des comptes publics. C'est une limitation intolérable de leur pouvoir. C'est pourquoi, en France, ils enterrent rapidement les rapports de la Cour des comptes dans la grande fosse commune des vérités qu'il faut cacher au peuple.

Le vote des lois de finances et des budgets des collectivités publiques qui est l'événement politique le plus important de chaque année, mis à part les élections elles-mêmes, n'intéresse que les spécialistes et les bénéficiaires des crédits budgétaires.

Jusqu'à la Révolution, les politiques, princes, rois et empereurs avaient toute latitude pour prélever l'impôt et dépenser l'argent du trésor royal comme ils l'entendaient. Ils pouvaient s'en servir pour éblouir les autres princes et le peuple par leur faste. Ils n'avaient de comptes à rendre à personne.

Les deux principaux acquis de la Révolution figurent dans les articles 14 et 15 de la Déclaration des droits de l'homme de 1789 :

Art. 14. *Tous les Citoyens ont le droit de constater, par eux-mêmes ou par leurs représentants, la nécessité de la contribution publique, de la consentir librement, d'en suivre l'emploi, et d'en déterminer la quotité, l'assiette, le recouvrement et la durée.*

Art. 15. *La Société a le droit de demander compte à tout agent public de son administration.*

Ces deux articles constitutionnels posent une limitation du pouvoir des élus et de l'Administration qui leur est insupportable. Avec l'aide de rusés inspecteurs des finances et des économistes étatistes, ils ont largement bafoué ces deux articles et continuent sans vergogne.

Le système médiatico-politique a évolué en France de telle manière que les citoyens n'ont guère d'autres choix que d'élire aux fonctions les plus élevées un professionnel de la politique, le plus souvent issu du secteur public ou des collectivités territoriales c'est à dire appartenant au clan de l'État. Certes, le nouveau Président de la République Emmanuel Macron vient de changer cela en 2017 : il a fait élire à l'Assemblée nationale de nombreux « nouveaux en politique » souvent issus de la société civile. Mais son gouvernement est majoritairement composé d'Énarques.

Les parlementaires « anciens » pensent d'abord à leur carrière politique. Les faibles reliquats d'argent public dont ils peuvent encore décider l'affectation sont considérés par eux, dans le secret de leur cerveau, comme des moyens d'éviter la contestation de leur pouvoir, la grogne des services de l'Administration ou plus important encore d'acquérir des suffrages. Derrière la justification portée par la « langue de bois », il s'agit bien d'acheter les votes d'une catégorie d'électeurs ou d'acheter la paix sociale.

Faute d'avoir su gérer correctement les finances publiques de la France au cours des quatre dernières décennies, les politiques ont mis sur la tête des générations futures une dette publique qui va faire leur malheur.

Depuis la fin de la Deuxième Guerre mondiale, avec la complicité du Conseil constitutionnel, les politiques n'ont cessé d'enlever toute possibilité d'application des articles 14 et 15 des droits de l'homme.

Citons quelques un des stratagèmes employés :

La multiplication des démembrements de l'État en de multiples agences (1200 au total) dont les comptes ne sont plus inscrits au budget de l'État, mais qui reçoivent des dotations et trop souvent des recettes affectées.

La décentralisation a transféré des missions de l'État aux collectivités territoriales sans muter tous les agents publics correspondants. Dotées de l'autonomie financière et du droit d'augmenter les impôts, ces collectivités ont recruté une masse de fonctionnaires en doublon.

L'une des graves trahisons des politiques c'est d'avoir persuadé le peuple qu'il était normal d'avoir des comptes déficitaires chaque année, que c'était bon pour l'économie et que la dette n'avait aucune importance pour un État.

Mais sur le plan de l'éthique, la plus grave atteinte à la démocratie concerne l'impôt.

Le « consentement à l'impôt » basé sur la tromperie

Le « consentement à l'impôt », réputé un fondement de la démocratie est en réalité obtenu grâce à une série de stratagèmes qui tendent à éviter que la population ait conscience des impôts qu'elle paye.

D'abord l'opacité sémantique : les pouvoirs publics utilisent une variété de mots pour désigner les prélèvements obligatoires, le mot « obligatoire » rendant compte du caractère contraignant de l'acte : impôts, taxes, redevances, cotisations, contributions, prélèvements, mutation à titre onéreux, droits d'apport, de donation, de succession, droits sur les tabacs, malus, surtaxe, etc.

Ensuite la prolifération des taxes et impôts qui en 2014 atteignent le chiffre incroyable de 360 dont 100 créés au cours des dix dernières années. C'est trois à cinq fois plus que dans les démocraties dignes de ce nom.

Citons quelques-unes des ruses employées par les pouvoirs publics pour contourner l'article 14 des droits de l'homme :

La majorité des impôts, taxes et cotisations sont prélevés non sur les citoyens, mais sur des organisations qui ne votent pas, en particulier sur les entreprises.

Les impôts sont rendus « indolores » par le prélèvement à la source ou sont inclus dans le prix des marchandises.

Les pouvoirs publics ont multiplié les taxes spécifiques qui ne touchent qu'une fraction minime de la population.

Les impôts sur le revenu sont prélevés sur moins de la moitié des foyers fiscaux, et 70 % de cet impôt est payé par les 10 % les plus riches.

L'affectation de recettes à des agences est souvent habillée d'une noble cause : pour les vieux, les pauvres, pour la culture, pour sauver la planète, pratique contraire aux principes démocratiques de clarté budgétaire, *unité et universalité...*

La fiscalité française instable et volontairement complexe est l'expression même du machiavélisme de l'État français et de son clan.

Par comparaison, les artifices des marchands sont des ruses d'enfants de chœur.

Ces stratagèmes trompeurs, pratiquement mis en œuvre depuis 1945 ont eu pour effet d'anesthésier les citoyens contribuables, et d'éliminer un des principaux acquis de la Révolution. « Une approche comptable » sérieuse menée par des intellectuels vigilants aurait empêché ces dérives antidémocratiques.

Le mépris des intellectuels pour « l'approche comptable » les a empêché de voir comment l'État a étouffé la démocratie[11] de même qu'il n'ont pas su voir que le communisme et le maoïsme menaient à la dictature et au goulag.

Les philosophes devraient se demander si on peut parler des droits de l'homme, des valeurs de la République et de l'éthique des politiques, sans parler des comptes publics.

L'exigence du profit : une discipline morale

« Toutes ces expéditions ont manqué ? Pas une n'a réussi ? De Tripoli, du Mexique, d'Angleterre, de Lisbonne, de Barbarie, des Indes, pas un vaisseau qui ait échappé au contact terrible des rochers funestes aux marchands ? » (Shakespeare, *Le marchand de Venise*).

Au temps des navires instables, des routes peu sûres, des seigneurs rapaces, guettant le convoi du marchand pour le dépouiller, des profits très élevés devaient compenser ces risques considérables.

---

[11] *La Démocratie étouffée par l'État*, Jean Brilman, Ed. L'Harmattan, Paris 2015

Pourtant les profits accumulés n'ont jamais été suffisamment importants, puisqu'à la fin les pertes l'ont emporté : toutes les familles de marchands finissent ruinées. Quelquefois il faut plus d'une génération, mais les empires de tous ces marchands : vénitiens, flamands, génois, maîtres de forges, magnats du textile, barons de la mécanique, rois de la construction électrique, jeunes milliardaires du numérique ont disparu ou vont disparaître.

Les marchands vivent sous la loi de la « destruction créatrice » de Schumpeter. Seule la pierre des magnifiques palais que leur fortune a permis de construire résiste au temps : témoignage durable du succès éphémère de leur entreprise commerciale. Ces édifices, pour la plupart, n'appartiennent même plus à leurs descendants.

Le destin des marchands, c'est de courir devant la ruine, portés par la crête mouvante de la fortune. Car le commerce cache autant de traîtrises que l'océan des tempêtes. La trésorerie qui manque et les pertes d'exploitation : voilà ce qui empêche de dormir les marchands !

Le profit, dit-on, est le salaire du risque. Mais aujourd'hui si les routes sont sûres, les navires capables d'affronter les tempêtes, les marchandises assurées, où est le risque ? Le risque aujourd'hui s'appelle : concurrence, changement technologique, et cupidité des États dispendieux.

Le profit du marchand c'est sa liberté, la capacité d'investir, d'innover, d'embaucher, de croître, c'est le temps qui lui reste encore avant la ruine. Le profit c'est l'espoir de durer encore pour lui et pour l'emploi de son équipage.

N'importe quel gérant d'une activité est capable de se montrer généreux avec le personnel, de faire des investissements et des déficits, c'est parfois aussi simple qu'écrire en prose. Mais il ne tardera pas à ruiner son entreprise, sauf si elle est soutenue par l'État aux frais du contribuable.

Une entreprise déficitaire appauvrit la nation à moins que cela ne soit la nation qui l'appauvrisse. Quoi qu'il en soit c'est une situation malsaine.

En matière de compréhension du monde, en particulier de l'économie, il y a trois catégories d'intellectuels : les « clairvoyants » qui ont la double vision des recettes et des dépenses, les « borgnes » qui n'envisagent que les dépenses, et les « aveugles » qui ne comptent pas, autrement dit, ceux qui méprisent « l'approche comptable ».

Les services ou organismes qui fonctionnent sur dotation budgétaire rendent-ils les services correspondants à leurs coûts ? On peut en douter, car rien ne milite en faveur d'une telle hypothèse. Leur activité n'est pas souvent mesurée et le niveau d'exigence de la hiérarchie contrarié par les syndicats ne peut que baisser au fil du temps. Le mot « productivité » qui est dans la bouche de tous les marchands est banni des institutions publiques. Les fonctionnaires croient qu'il s'oppose à la « qualité ».

C'est le contraire qui s'est révélé vrai dans l'industrie comme dans les activités de service : la « Qualité totale » concept mis en œuvre en premier lieu par les Japonais et désormais appliqué mondialement par la grande majorité des entreprises est une nécessité de la « productivité ». Seul le « zéro défaut » permet le travail en continu sans arrêt intempestif des chaînes de production comme l'exécution sans bug des programmes informatiques ou la réussite de l'opération par l'équipe chirurgicale.

L'exigence du profit ressemble aux contraintes de la poésie : il faut compter chaque sou comme les pieds des vers. Une syllabe de trop suffit pour que la rime soit bancale : un centime de trop pour que le profit s'évapore.

Gérer est psychologiquement très pénible, parce que c'est d'abord refuser ce qu'on aimerait accorder : c'est refuser une augmentation de salaire à des collaborateurs dévoués qui le méritent ; le changement des ordinateurs vieillots de la comptabilité ; des jours de congé supplémentaires à une collaboratrice fatiguée ; une hausse de prix à un fournisseur qui en a besoin ; une ristourne à un client important. Il n'y a pas de grand marchand sans un peu d'avarice.

Le rêve de tous les marchands serait de pouvoir lâcher la bride. Mais un instant d'abandon peut enclencher le début des pertes fatales.

Gérer, c'est accepter d'être mal aimé. Les marchands y sont contraints pour conserver leur entreprise en vie. Les politiques ne peuvent se résoudre à l'impopularité. Dans les démocraties, ils risqueraient de perdre leur pouvoir. Il est fatal que les nations soient, de temps à autre, ruinées. Ainsi la France marche d'un bon pas vers sa ruine qui interviendra au cours du XXIe siècle, sauf succès populaire d'un « président de fer » qui remettra la France en ordre et au travail.

Une nation ruinée, même hors de toute guerre, c'est une ou deux générations sacrifiées, c'est le cas de la Grèce au XXIe siècle après avoir été le cas de l'URSS, de la Chine, de Cuba puis de l'Argentine et de bien des pays africains au cours du XXe siècle.

Tandis que les marchands ruinés s'effacent, le plus souvent sans bruit, la dictature ou la tromperie permet aux gouvernements de continuer à régner sur des populations qu'ils ont plongées dans la misère.

L'approche comptable appliquée à la métaphysique

Investir a le même sens pour les philosophes et les marchands : c'est sacrifier un agrément du présent dans l'espoir d'un futur meilleur.

> « Il n'est pas un homme celui qui n'a pas pratiqué ces dures vertus — continence, économie, continuité dans l'effort, etc. — qui consiste à subordonner le plaisir au devoir, le présent à l'avenir, et qui joue dans l'ordre psychologique le même rôle que les investissements en économie politique... », écrivait le philosophe Gustave Thibon[12].

Quand le chrétien délaisse des plaisirs terrestres pour avoir sa place au paradis, il investit. Les communistes, qui ont supporté une vie de privations et de terreurs sous la férule de la « dictature du prolétariat » pour faire émerger « l'avenir radieux », ont investi. Chrétiens, musulmans, communistes et marchands investissent.

Mais seuls les marchands le font sur base d'un calcul rationnel : ils veulent que la contrepartie du sacrifice en vaille la peine. Ils comparent donc les améliorations futures escomptées aux privations endurées : ce faisant, ils évaluent la « rentabilité » de leur investissement. Bien des marchands ont donc fait des investissements rentables.

Personne ne sait encore si des milliards de chrétiens, de musulmans ou d'hindouistes n'ont pas investi en pure perte. Quant aux malheureux communistes, ont sait déjà qu'ils ont obtenu la plus mauvaise « rentabilité » du monde.

Pour un futur meilleur, pour le progrès de l'humanité, ou pour le salut de l'âme, ce qui compte ce n'est pas l'investissement, mais la « rentabilité » de l'investissement.

Telle est la vérité que révèle « l'approche comptable », peut-être plus convaincante en métaphysique que les élucubrations des prophètes, les inventions parfois puériles des livres sacrés, et les fastidieux raisonnements des philosophes.

---

[12] Gustave Thibon, *L'Ignorance étoilée*, édition Fayard Paris 1974

Le seul qui ait eu une approche comptable n'est-il pas Blaise Pascal ?

La réponse m'a été apportée par le philosophe Philippe de Rouilhan :

> Pascal conseille, en effet, à celui qui doute de l'existence de Dieu de parier pour elle sur la base d'un argument quantitatif que la théorie de la décision permet de reconstruire et même de valider. La reconstruction se fait facilement, en termes des valeurs des plaisirs de la vie terrestre et de la félicité céleste, de la probabilité de l'existence de Dieu, et des espérances mathématiques que celui qui doute peut calculer et comparer pour décider s'il doit suivre ou non le conseil de Pascal.
> La validation, en revanche, ne va pas sans difficulté, en raison de la présence d'une valeur infinie (celle de la félicité céleste) dans le calcul de l'espérance mathématique, avec tout ce que cela implique de paradoxes possibles, mais un certain perfectionnement de la théorie, exploitant les découvertes de l'Analyse dite "non-standard", a récemment permis d'aboutir.

Le Dieu des catholiques a longtemps privé les hommes d'une série de plaisirs : les voluptés de la chair hors mariage, les jubilations de la vengeance de l'insulte et les délices de la gourmandise. Le paradis reste une vague promesse plutôt désincarnée qui enchanterait l'âme devenue plus intelligente, une fois débarrassée de son corps. Saint Paul recommande plutôt de ne pas tenter de l'imaginer : « ce que l'œil n'avait pas vu, ce que l'oreille n'avait pas entendu, ce que le cœur de l'homme n'avait pu concevoir, c'est là ce que Dieu a préparé pour ceux qui l'aiment. »

Quant au Dieu des musulmans, il les prive des euphories de l'alcool, du régal de la succulente viande de porc et réserve les plaisirs de la chair aux plus riches qui peuvent avoir quatre femmes et des concubines. Les moins riches ou les jeunes forment cette triste cohorte de frustrés mâles qu'on peut voir dans les pays musulmans, seuls ou par petits groupes bavardant entre hommes.

L'État islamique (Daech) l'a bien compris. Il attire les jeunes voyous suicidaires en leur promettant des femmes. Combien de kamikazes ont été préalablement mariés à de pauvres esclaves sexuelles, avant d'être envoyés au « martyre ».

Par ce biais, Daech leur fournit généreusement un avant-goût du paradis. Dans ce lieu céleste, ils seront mariés à soixante-douze *houris*, vierges aux grands yeux sombres, aux seins formés, belles comme le rubis et le corail, des perles illuminant leur gorge, voluptueusement alanguies sur des coussins verts posés sur de magnifiques tapis, dans des jardins frais. Avec de telles perspectives, il est clair que l'investissement kamikaze est « rentable » aux yeux de ces jeunes.

Une telle conception du paradis correspond bien aux désirs secrets d'une population de mâles privés de femmes. L'extrême frustration ne serait-elle pas un des moteurs psychiques de l'intégrisme mortifère ?

Perversité des aides et des subventions

« Tu n'accepteras pas de cadeau, car le cadeau aveugle les clairvoyants et compromet la cause des justes. » (La Bible, Ancien Testament).

Chaque année en décembre, deux millions et demi de Français reçoivent de l'État « une prime de Noël ». Voilà l'État laïque déguisé en généreux bonhomme rouge à la longue barbe blanche !

Cette allocation n'est que l'ultime donation annuelle d'un État, qui par ce geste et le nom qui lui est donné, infantilise les Français les plus pauvres.

Dans les faits, tout au long de l'année, il n'a cessé de faire des « cadeaux » au peuple et à ses entreprises. Il a même mis sur un site la possibilité de simuler les aides auxquels chacun à droit en fonction de sa situation de famille et de ses revenus. Reprenons les dénominations de ces subsides :

« Allocations familiales, Aides au Logement, Allocation de Soutien familial, Allocation supplémentaire d'Invalidité, Allocation de Solidarité aux Personnes âgées, Allocation de Solidarité spécifique, Bourse de collège, Bourse de lycée, Complément familial, Couverture Maladie universelle complémentaire, Prestation d'Accueil du Jeune Enfant — Allocation de base, allocation Paris Logement Familles, Revenu de Solidarité active ».

Des millions de personnes en bénéficient. Parler de « don » serait vexant : l'État français a pris soin de ménager l'amour-propre des plus démunis. Il n'emploie pas ce mot puisqu'il en a fait des « droits ». Pourtant il s'agit bien d'un don ou d'un cadeau, car il ne demande pas de contrepartie. Il n'y a pas d'échange visible, ce n'est plus le monde marchand : c'est l'État faisant une charité ordonnée et réglementée. Il a même conféré à sa générosité le label sacré de « justice sociale ».

Les philosophes savent qu'il n'y a pas de don sans espoir de retour. La charité de l'État lui donne une bonne image : elle humanise son masque froid en même temps qu'elle consolide son pouvoir. L'État-providence est une énorme machinerie qui échange de la charité contre du pouvoir.

Il n'aide pas que les personnes : il subventionne également les entreprises des hommes. Il a créé plus de deux cents systèmes d'aides aux organisations, associations ou aux firmes de l'industrie, du commerce et des services. La République est la Louve aux deux cents mamelles. Certains louveteaux savent mieux que d'autres en tirer le lait en abondance : les remuants bavards du secteur de la culture et de la communication sont les mieux servis. Les milliers d'autres déploient d'immenses efforts pour ne traire qu'une goutte de lait aigre.

Pourquoi les Princes qui gouvernent préfèrent-ils l'octroi de subsides à l'allégement des prélèvements ? Parce que le don, la subvention ou le crédit donne du pouvoir : il rend le bénéficiaire dépendant du bon vouloir de celui qui octroie. Une situation toujours déplaisante pendant l'attente de la décision.

Les aides et les subventions agissent comme des drogues : une fois « injectées » elles adoucissent la vie, mais elles diminuent la volonté de réagir. Quand il s'agit de sauver des entreprises en difficultés, cette pratique n'a pour effet que de retarder les mesures d'économies et de réduction d'effectifs. Mais pour les politiques elle présente un double intérêt : montrer à la population locale qu'ils ont fait quelque chose et reporter le drame des licenciements à une date postérieure aux échéances électorales.

Les prêts accordés au-delà de la capacité raisonnable de remboursement agissent comme des subventions donc comme des drogues. L'État français est désormais « addict » à la dette, il ne sera jamais capable de rembourser tout ce qu'il emprunte : les politiques le savent, mais se gardent de l'avouer au peuple.

L'usage prolongé des subventions ou des emprunts excessifs ruine la santé des entreprises, des régions et même des États qui en bénéficient. Ainsi l'économie de la Réunion subventionnée par la métropole est en voie de dépérissement alors que celle de l'île Maurice voisine, obligée de s'en sortir seule, connaît un développement continu et peu de chômage.

À la fin, « le gratuit » coûte plus cher que « le payant » à la collectivité, car l'usager ou le bénéficiaire ne compare pas l'utilité au coût. Ainsi la généralisation du tiers payant en médecine entraînera fatalement une augmentation du coût de la santé pour la Sécurité sociale.

Société fondée sur des « droits » ou sur des « devoirs » ?

Les dieux des religions ne pratiquent pas la gratuité : s'il y a un paradis, l'homme aura payé un prix élevé pour y accéder. Les religions chargent l'homme d'obligations envers leur dieu et parfois envers leur prochain et la communauté. Encore faut-il que le meurtre des infidèles ou des apostats ne figure pas dans les diktats ou fatwas de la religion, sinon cela se terminera mal pour l'humanité.

Les sociétés fondées sur une religion sont des sociétés de « devoirs » par opposition à la République française laïque devenue une société de « droits ».

Une société de « droits » engendre un système de revendications, de clientèles, de subventions, d'assistance, de dépenses, de déficits et d'endettement. Chacun devient le créancier de collectivités publiques et in fine de l'État, seul débiteur final. À la multitude des ayants droit, tels des oisillons, bec largement ouvert réclamant leur pitance, correspond une collectivité indéfiniment endettée.

Une société religieuse de « devoirs » amène la population à des comportements immuables fixés par Dieu. Trop souvent, elle conteste les découvertes scientifiques, freine le progrès technique et l'évolution des mœurs et obère le développement de l'économie. C'est le cas de la plupart des pays musulmans d'Afrique ou du Moyen-Orient, sauf peut-être ceux auxquels Dieu a donné le pétrole…

Une société laïque de « devoirs » oblige chacun à servir, créer, produire, travailler et construire pour la collectivité des vivants. Chacun est débiteur des autres, de la collectivité, de l'État. Une telle communauté crée des richesses, accumule, épargne, investit et progresse.

Cette forme de société est plutôt de droite et libérale si on se réfère aux valeurs. En effet la droite libérale valorise le travail, l'effort, la responsabilité, le mérite, la réussite individuelle, la liberté d'entreprendre, la hiérarchie, la sécurité, la patrie, la famille. C'est la forme de société qui sied aux marchands.

En revanche, le socialisme prône l'égalité par la redistribution, la liberté des mœurs, la laïcité, l'internationalisme, les loisirs, le repos, la compassion, la solidarité et une certaine mansuétude pour les délinquants.

La France et son État laïque ont fondamentalement dérivé à gauche et l'alternance n'a aucun effet sur l'idéologie dominante de ses institutions et de ses structures.

Chacun s'organise pour profiter du laxisme de l'État et de ses subsides et s'agglutine à la masse des obligés qu'il s'agisse de ses agents, des entités subventionnées par lui ou des bénéficiaires de ses allocations. Contrairement aux époques antérieures, au cours des trois dernières décennies les bruyants saltimbanques de la culture ont su mieux capter l'argent de l'État que les héros silencieux des armées et de la police.

L'appel du gratuit sonne comme un cor de chasse dans les pays de l'autre côté de la Méditerranée. Il attire vers la France une masse de démunis, qui le jour où ils mettent le pied sur le sol rejoignent les chasseurs de « droits ».

Mais les droits de chacun ont pour contrepartie des interdits. La liberté est de plus en plus réduite à l'intime : sexe et loisirs. Pour le reste, les Français, en particulier les marchands se sentent étouffés par cet État qui déverse sur leur tête une glue paralysante de lois, de règlements et de normes.

Les Français sont excédés par cette forme de dictature anonyme. Ils croient qu'en votant pour des partis populistes ils vont changer cet État qui les a rendus dépendants et asservis. Illusion !

L'encadrement de la société, bâti au fil des ans par les politiques est solidifié par des dizaines de milliers de textes. La France est pour une part verrouillée par des traités internationaux à l'extérieur et à l'intérieur par des règlements et des syndicats très puissants. Des milliers de cliquets empêchent l'énorme machinerie étatique et la société tout entière de se réformer et de stopper la dérive de la France vers la décadence et le chaos.

Cette situation est le résultat de l'idéologie dominante en France. Elle porte un nom : *l'étatisme*. Cette idéologie a produit un système conçu par les intellectuels et les politiques en oubliant les marchands. Partout il tend à substituer la règle et la hiérarchie au marché. L'État n'est plus une organisation qui échange des services contre des prélèvements obligatoires consentis librement. Cette conception marchande ou libérale de la démocratie prévaut dans les pays anglo-saxons. En France, l'État est le maître du peuple. Il étouffe la démocratie. Il est temps de redonner la parole aux marchands.

Éthique des intellectuels, des politiques et des marchands

Les intellectuels ont la prétention de dicter la morale. Dans l'Antiquité, en Europe comme en Asie, elle fut l'œuvre de philosophes ou de sages : Socrate, Platon, Aristote, Épictète, Épicure, Confucius, Lao Tseu, Mencius, Bouddha, et quelques autres.

En Europe, jusqu'au siècle des Lumières, les intellectuels religieux en eurent le monopole depuis le début de l'ère chrétienne. Cette éthique, ils la tiennent de Dieu par la voix des prophètes, des apôtres et des livres saints.

Moralisateurs et législateurs des temps modernes

Après la Révolution et l'essor des démocraties, les moralisateurs se sont multipliés en Occident : outre le clergé des différentes religions, s'expriment des philosophes, des journalistes, les législateurs, des juges et des associations de défense des droits de l'homme ou des minorités. Ils participent à l'évolution de l'éthique de la société dont découle « le moralement et le politiquement correct ».

Le droit laïc devient le reflet de la morale fluctuante de l'époque. Dans les démocraties réelles, il s'écarte de plus en plus de l'ancienne éthique religieuse longtemps immuable. Par exemple, le parlement légalise le mariage gay et le droit à l'interruption volontaire de grossesse tandis que morale chrétienne n'est toujours pas favorable aux couples homosexuels ou à l'avortement.

La charia, droit ancré dans un islam figé s'oppose en ce XXIe siècle aux droits de l'homme et aux valeurs des républiques occidentales. Dans les théocraties islamiques, elle reste la base d'un code civil plutôt barbare.

Quoi qu'il en soit ceux qui se considèrent comme les détenteurs de la vérité en matière d'éthique sont en premier lieu les intellectuels, religieux ou laïcs, suivis par les politiques qui font de plus en plus référence à leurs « valeurs », à celles de leur parti ou à celles de la République.

Le politique lorsqu'il est en position de légiférer, s'efforce de faire promouvoir par la loi ses « valeurs » ou celle de son parti, c'est-à-dire sa morale.

Comme me l'a fait remarquer fort judicieusement le philosophe Philippe de Rouilhan : « La différence entre le droit et la morale est classiquement tenue pour une différence de nature, et le législateur, en disant le droit, n'est pas censé dire, fût-ce indirectement, la morale. »

Toutefois bien des intellectuels et des législateurs n'observent pas cette distinction. Les premiers veulent que leurs préférences morales soient incluses dans la législation tandis que les seconds prétendent que leurs lois ne sont que la traduction de leurs « valeurs » qui sont évidemment « supérieures » à celles de leurs opposants.

Les uns comme les autres œuvrent pour le bien de chaque être vivant, pour l'intérêt d'une collectivité, pour la République et même parfois pour l'humanité tout entière.

Ainsi dans la confusion des rôles la plus désordonnée, les intellectuels comme les politiques disent le Bien et le Mal, le Juste et l'Injuste. Par chance pour nos libertés, ils ne sont pas toujours d'accord entre eux quoiqu'il y ait clairement une pensée dominante qui varie suivant les époques.

Par exemple, en France au cours des dernières décennies, sous l'influence du marxisme, *l'égalitarisme absolu* est presque devenu un « impératif catégorique » qu'il s'agisse de « justice sociale » ou « d'égalité des sexes et des genres ».

Si les intellectuels et les politiques ont la morale pour eux, ils la dénient aux marchands qui ne connaissent que leur intérêt personnel.

Pourtant il existe des intellectuels « corrompus ». Mais la nature de leur perversion n'est que rarement révélée. Pour la définir ou la caractériser, il est nécessaire de distinguer deux catégories de penseurs : les plus nombreux qui sont au service d'un prince ou d'une institution qui les rémunère, d'une croyance religieuse ou d'une idéologie dont ils sont en quelque sort les vassaux et ceux, les moins nombreux qui ont gardé leur indépendance ou leur autonomie de pensée vis-à-vis des gouvernants ou de l'idéologie dominante.

Les premiers pourraient être nommés « les intellectuels inféodés » sans aucune connotation négative a priori, quoique certains philosophes voudraient leur refuser le titre d'« intellectuel ».

Penchant pour l'étatisme des intellectuels inféodés

Un intellectuel inféodé est donc un brillant esprit dont le « verbe d'or » est au service d'un gouvernement, d'une institution, d'une idéologie ou d'une cause : ces talentueux personnages sont employés par le secteur public, par une religion, par un parti, par une entreprise, une association ou exercent une profession libérale.

Dans cette catégorie figurent les experts missionnés par l'État, par les politiques ou par les entreprises. Leurs conclusions leur sont sinon dictées, du moins suggérées par leur mandant. La plupart sont des fonctionnaires, des professeurs, des consultants au service de l'organisme qui les missionne ou pour les avocats de la cause qu'ils défendent. Fonctionnaires, ils ne peuvent qu'obéir, consultants ils défendent les intérêts de leurs clients. Il n'y a pas de tromperie, du moins dans la sphère des personnes averties.

Leurs travaux concernent des affaires concrètes et rarement la morale, ils sont pour ce qui nous concerne hors sujet. Ils relèvent de la catégorie des « intellectuels en service commandé », comme le sont les avocats pour leur client. L'intellectuel en service commandé qui n'affiche pas clairement qui est son mandant, pratique une ambiguïté qui frise la malhonnêteté.

Les religieux qui furent longtemps les seuls intellectuels autorisés à s'exprimer sur le Bien, le Mal et les devoirs des hommes envers Dieu, la communauté des croyants et le reste de la société, appartiennent peu ou prou à la même catégorie. Ce sont les récitants-soldats d'un discours qui vient du fond des âges et qui le plus souvent est inscrit dans un livre. Ils convertissent aussi bien par la parole que par la violence comme les juges de l'inquisition dans le passé ou les intégristes islamiques à notre époque.

Il n'y a pas duperie de leur part, mais il peut y avoir intolérance, incitation au meurtre des non-croyants et des apostats et enseignement d'une éthique considérée à notre époque comme inhumaine.

Le cas des journalistes est ambigu. Les mauvaises langues disent qu'ils s'alignent sur l'idéologie du propriétaire du média. La réalité au XXIe siècle est parfois différente, car les rédactions dans un pays comme la France sont très soucieuses de leur indépendance. On a vu des quotidiens, possédés par des banquiers, conserver une ligne très à gauche. Néanmoins, les grands journalistes se sentent mieux dans un journal correspondant à leur idéologie.

Autre forme d'assujettissement des intellectuels : leur attachement à la main qui les nourrit. Comportement naturel et honorable des animaux comme des humains. Mais cette dépendance peut parfois introduire un biais fatal de leur pensée et de leur conception du monde : l'organisme dont ils dépendent et leur profession influent fatalement sur leur vision de la société et leur explication des phénomènes.

Les scientifiques ont démontré que l'observation d'un phénomène dépend de la position de l'observateur. Il est légitime de se demander : d'où les intellectuels regardent-ils la société et le monde ?

En France, le principal employeur de l'élite intellectuelle est l'État ou plus généralement le secteur public ou subventionné. Ses membres sont professeurs, hauts fonctionnaires, journalistes de chaînes publiques ou artistes subventionnés. Leurs revenus sont assurés par des collectivités publiques : universités, organismes de recherche, collectivités locales, entreprises nationales…

Sans en être consciente, la très grande majorité de cette élite est donc fondamentalement imprégnée d'un esprit qui valorise au plus haut point la collectivité publique face à l'organisation privée ou l'individu. D'où un mépris de la société civile, une détestation du libéralisme et une préférence pour le collectivisme et l'égalitarisme. Les seules inégalités admises sont celles apportées par le diplôme ou le suffrage universel.

La France a laissé voter l'interdiction de toute forme de sélection pour l'entrée à l'université. Paradoxalement elle a maintenu la sélection pour la constitution de l'élite politico-bureaucratique dont elle est elle-même issue : Sciences Po, ENA, Normale Sup, agrégation, Polytechnique. Elle assure ainsi la pérennisation de son statut par la reproduction de ses membres.

Quelques intellectuels émanent de la société civile. Ils s'expriment dans quelques rares médias qui les acceptent ou des « think tanks » privés. S'ils ont des opinions libérales, ils se placent hors de la pensée dominante et ne sont écoutés que par un cercle relativement restreint.

C'est la principale différence culturelle entre la France et les États-Unis. Les intellectuels français sont majoritairement payés par l'État et ne connaissent que lui. Les intellectuels américains viennent en grande partie de la société civile, la culture n'est pas financée principalement par les collectivités publiques. La démocratie n'y est pas étouffée par l'État.

Les Américains peuvent encore élire à leur tête un marchand qui a réussi dans les affaires, ce qui serait totalement improbable en France. Cela s'est produit en janvier 2017 avec l'élection du républicain aux accents populistes Donald Trump. Toutefois, il n'est pas certain qu'un septuagénaire, doué pour les affaires dans le secteur très particulier de la spéculation immobilière, réussisse en politique. Pour les marchands, s'engager en politique c'est y risquer le destin d'Icare.

La France n'élira jamais un marchand à la présidence de la République. Ses adversaires lui trouveront certainement une « affaire » : ne serait-ce que d'avoir minimisé légalement les impôts payés par sa firme, s'il est un bon gestionnaire.

La France qui a créé une « école du pouvoir » a pris l'habitude de porter à sa tête un énarque. Dans notre pays les maîtres de tout sont partout des fonctionnaires ou d'anciens fonctionnaires, y compris à la tête des grandes entreprises privées : le pays est définitivement voué à l'*étatisme*.

Cette extension indéfinie du secteur public satisfait la très grande majorité des intellectuels qui lui est inféodée.

L'étatisme comporte des risques pour les libertés marchandes et la démocratie.

Nature de la corruption des intellectuels indépendants

Ceux qui nous intéressent ici ce sont les intellectuels indépendants qui ne sont pas inféodés à une religion ou à un pouvoir. Leur manquement à l'éthique de base ou plutôt ce qu'on pourrait appeler à la « déontologie minimale de l'intellectuel » est d'une nature mal connue et évidemment peu explicitée par eux-mêmes. Elle ne peut être dévoilée que par d'autres intellectuels.

Une première forme de malhonnêteté c'est de profiter de leur statut dans la société pour s'exprimer avec autorité sur un sujet sans l'avoir étudié sérieusement. Cette coupable légèreté ne peut-être dénoncée que par des penseurs de même prestige.

De nombreux intellectuels servis par une mémoire et des dons exceptionnels manquent cependant d'autonomie de la pensée et du courage nécessaire pour contester la pensée dominante. Ils s'alignent sur les croyances à la mode qu'ils adoptent sans examen et dont ils se font les porte-voix zélés, souvent avec un talent qui les propulse dans les médias.

Cette forme de dépravation des intellectuels on pourrait l'appeler « soumission à la pensée unique », comme l'Islam est « soumission à Dieu ».

Il faut reconnaître que sur certains sujets, ce mimétisme leur est parfois imposé par la loi, la force, ou la terreur : par exemple, la France interdit par la loi toute analyse ou étude d'un phénomène qui évoquerait des aspects de race. Les statistiques ethniques sur la délinquance et la population des prisons sont prohibées et rendent vaine toute approche sociologique sérieuse. De même les auteurs de caricatures ou de critiques de Mahomet ou d'Allah sont menacés de mort : les intellectuels de notre époque n'ont pas vocation au martyre et s'abstiennent d'exprimer leur opinion. La terreur islamique les a muselés mais personne ne peut pas le leur reprocher.

En réalité, la corruption des élites qui, à certaines époques, gangrène la quasi-totalité des maîtres à penser, en même temps que certains hommes politiques, est rarement dénoncée.

Parfois il arrive que de rares iconoclastes se révoltent contre les dérives de la masse des bien-pensants de leur génération. Ces cas sont assez rares dans l'histoire. Les plus célèbres sont sans doute Calvin et Luther critiquant le clergé catholique. Il faut évidemment ajouter à ces noms la liste des grands philosophes européens et des sages asiatiques. La plupart sans être obligatoirement iconoclastes ont promu des idées qui n'avaient pas cours à leur époque.

Les plus importants, en ce qui concerne notre sujet, ont été les penseurs du siècle des Lumières, dont Montesquieu, Voltaire, Benjamin Franklin, Diderot, D'Alembert, Adam Smith, et Kant.

Le siècle des Lumières qui prépare la Révolution et la démocratie a débarrassé l'opinion des préjugés qui affectaient les marchands :

« Le commerce est une profession non moins honorable qu'utile », proclame l'Encyclopédie.

« Je ne sais lequel est le plus utile à un État : ou un seigneur bien poudré ou un négociant qui enrichit son pays »[13], écrit malicieusement Voltaire.

Désormais, les marchands qui réussissent et s'enrichissent peuvent être anoblis :

---

[13] *Histoire des marchands et des marchés*, Sédillot René, Fayard 1964 Paris

> Fouquet descend d'un drapier-chaussetier, Colbert est né à l'enseigne du « Long Vestu », Necker est banquier. Au XVIIIe siècle, le commerce gagne en prestige et les marchands en influence, même en France. La bourgeoisie marchande parvient en haut de l'échelle sociale[14].

Marx, indéniablement, fait partie de ces puissants penseurs originaux qui ont contesté la pensée dominante de leur époque : il a élaboré la doctrine qui va mettre à bas la bourgeoisie marchande et rentière. Sous son influence, les communistes détruiront le capitalisme et le marché : en URSS et dans l'Europe de l'Est ainsi qu'en Chine et une grande partie de l'Asie.

La France subira la contagion du communisme, mais sera préservée de ce régime épouvantable par le Général de Gaulle. Toutefois après la fin de la Deuxième Guerre mondiale, la plupart des intellectuels français en particulier les philosophes, les historiens et nombre d'économistes s'étaient convertis au marxisme et au communisme. Leur adhésion à cette idéologie a duré jusqu'à la fin des années 1980.

Rares ont été les penseurs qui ont dénoncé sa malignité et les désastres de sa mise en œuvre. Le premier fut sans doute Raymond Aron, avec *L'Opium des intellectuels*, publié en 1955 par Hachette puis il y eut Soljenitsyne en 1974 avec *L'Archipel du Goulag*. Il ouvrit les yeux de quelques intellectuels dont André Glucksmann qui publia *La Cuisinière et le Mangeur d'Hommes — Réflexions sur l'État, le marxisme et les camps de concentration* au Seuil, en 1975.

Il a fallu attendre la chute du mur de Berlin, pour que plusieurs bons auteurs disent la vérité sur la mortifère illusion que fut le marxisme-communisme : en particulier François Furet, avec *Le Passé d'une illusion*, chez Robert

---

[14] *Histoire des marchands et des marchés,* op. cit.

Laffont/Calmann-Lévy en 1995. Dans ce livre, il retrace « la mythologie de l'URSS et du communisme dans l'opinion en général ». Militant du PCF entre 1949 et 1959 il considère que lui aussi a fait partie des « illusionnistes-illusionnés qui ont bâti le mirage du communisme ».

La principale « corruption » des intellectuels est un manquement grave à leur devoir d'investigation ou de recherche. L'un des cas les plus consternants fut la dévotion au maoïsme de la plupart des philosophes français les plus brillants, souvent sortis de Normale Sup, à la fin des années 60. Un seul intellectuel, Simon Leys, qui, lui, connaissait la Chine, avait procédé à l'étude sérieuse du phénomène. Dans *Les Habits neufs du président Mao*, édité par Champ libre, en 1971, il avait décrit avec précision la vraie nature du maoïsme, sa monstruosité et sa criminelle mise en œuvre. Soutenu par Étiemble, il fut l'un des rares écrivains à avoir le courage d'aller à contre-courant de nos intellectuels séduits par les concepts de « révolution culturelle » et de « genèse d'un homme nouveau ».

Clarification des idées sur la corruption des politiques

Pour être juste, il faut reconnaître l'extrême complexité du rôle du politique si on le compare à ceux du marchand et de l'intellectuel. Le marchand n'a que son offre à promouvoir en faisant un bénéfice pour durer. Il choisit un personnel adapté à la vocation de son entreprise. Il est parfois contrarié dans sa gestion par les syndicats ou l'État. L'intellectuel, après avoir accumulé des grandes connaissances et développé son talent, n'a que ses théories ou son art à faire connaître et défendre. Les finalités de ces deux rôles, caricaturés pour être brefs, sont relativement simples à énoncer.

Les missions, les devoirs ou les rôles d'un politique sont multiples : il doit satisfaire les aspirations souvent différentes et parfois contradictoires d'une grande quantité de personnes. Il doit gérer une masse d'individus qu'il n'a pas choisis et qui comporte des riches et des pauvres, des hommes honnêtes et des délinquants, des partisans, des indifférents et des opposants. Il doit être réaliste, sans toutefois trahir une idéologie, parfois quelque peu utopique imposée par son parti. En démocratie, la combinaison de ces missions et de ces contraintes impose souvent : la « langue de bois » ou la réserve, parfois le mensonge, des promesses qui ne seront que partiellement tenues, l'invention de ce que les sociologues appellent des « réalités imaginaires ».

En bref, la politique implique une forme de machiavélisme nécessaire qui, dans toute autre fonction ne serait moralement pas acceptable, mais qui ici est consubstantielle au rôle : que ce soit pour être élu ou pour maintenir la paix civile et conserver le pouvoir.

La corruption des politiques est devenue un thème récurrent. Selon les sondages, dans une démocratie moderne comme la France, la population dans sa grande majorité pense que les hommes politiques sont corrompus.

Les Français ont sans doute raison, mais ils n'ont en esprit que la corruption financière. Et même dans ce cas, ils ne hiérarchisent pas les fautes ou manquements en fonction d'un critère essentiel dans une démocratie : l'importance du coût ou du manque à gagner pour les finances publiques et donc les contribuables.

L'enrichissement personnel d'un politique qui s'attribue indûment quelques centaines de milliers d'euros est évidemment condamnable, mais il est moins dommageable pour la collectivité qu'un gaspillage d'argent public d'un milliard d'euros qui aurait pu être évité et pour lequel il n'y aura même pas de recherche de responsabilité.

Les formes de corruption classiques liées au pouvoir sont connues : elles ont pour noms *« pots de vin, rétrocommissions, fraude, extorsion, prise illégale d'intérêts, favoritisme, abus de pouvoir, emplois fictifs…* Ces manquements graves sont bien répertoriés et interdits par la loi : ils ont déjà donné lieu à des scandales, des mises en examen et des condamnations : un tapage médiatique énorme, alors que le dommage pour les contribuables est en général modeste.

Limiter la corruption des politiques à l'argent correspond à une mauvaise compréhension des hommes politiques : leur principal désir c'est la conquête puis la conservation du pouvoir. Pour la plupart des « vrais politiques » le gain financier ou les avantages pour la famille sont des motivations de second ordre.

En revanche, pour consolider son pouvoir personnel, celui de son groupe ou de son parti : il peut être amené à prendre des décisions qui sont contraires à l'intérêt général, sans être illégales.

Citons quelques exemples de pratiques, beaucoup plus dommageables pour les citoyens, rarement dénoncées et jamais sanctionnées :

Premier exemple : les « achats répétés de la paix sociale » dans les administrations et les sociétés nationales monopolistiques dont les agents peuvent prendre en otage la population. Les politiques et les dirigeants de ces organisations ont concédé, par lâcheté, au personnel des avantages hors du commun, évidemment cachés à la population et pas toujours votés par le parlement.

Deuxième exemple : la multiplication des systèmes de primes des agents publics et les régimes spéciaux des sociétés nationales comme EDF ou la SNCF, des entorses gravissimes au principe d'égalité des droits. De même, dans certaines administrations il est fréquent de nommer au grade supérieur les fonctionnaires dans les six mois qui précèdent leur retraite pour améliorer leur pension, indépendamment de leur mérite. Ces différences de statuts, de modes de rémunération, de primes, d'indemnités, de promotions, de pensions d'un service à l'autre ont rendu très compliquées, voire impossibles, les mutations des agents et l'adaptation des administrations à l'évolution de leurs missions et des technologies. Il est l'une des raisons des sureffectifs de fonctionnaires. Le surcoût pour les contribuables se chiffre en milliards d'euros chaque année.

Troisième exemple : dans les semaines qui précèdent les élections, le comportement du pouvoir en place, que ce soit au niveau de l'État ou des collectivités locales, obère parfois l'avenir de la collectivité. Il s'agit de l'achat indirect de suffrages avec de l'argent public par toute une série de mesures : augmentation des rémunérations des agents publics, baisse des impôts pour de larges catégories d'électeurs, octroi de subventions à certaines associations, etc. Il s'agit là d'une crapulerie très fréquente, parfois dénoncée par les médias, mais évidemment pas sanctionnée par la loi dès lors que la décision est prise en respectant le formalisme légal.

Quatrième exemple : la dilapidation d'argent public, même au niveau d'un État, n'est jamais sanctionnée alors que la fraude fiscale l'est sévèrement. Un gaspillage de plusieurs milliards, parfois dénoncé par la Cour des comptes, ne provoque aucune recherche de responsabilité et n'entraîne aucune sanction même pas un ralentissement de la carrière du responsable. Un cas parmi tant d'autres, la *Philharmonie de Pari*s : le coût initial était estimé à 170 millions d'euros ; la facture finale selon le sénateur Yann Gaillard, rapporteur à la commission des finances, serait de 386 millions d'euros. Quels politiques, quels fonctionnaires sont responsables ? Qui sera sanctionné sinon le contribuable ?

En cette matière, le secteur privé est beaucoup plus « moral ». Si un dirigeant ou un cadre gère mal l'argent de l'entreprise, il est sanctionné d'une manière ou d'une autre.

D'autres pratiques qui n'ont pas de rapport visible avec l'argent sont encore plus immorales. On ne corrompt pas un politique par l'argent, mais par des *« plus-values de pouvoir »*. Un concept nécessaire pour décrire la nature de leur déviance morale. Dans un quartier sensible, les dealers de drogues peuvent faire comprendre au maire que si la police ne fait pas de zèle : ils ne commettront pas « d'exactions médiatiques » comme brûler des voitures ou des écoles, ce qui pourrait nuire à l'image de sa commune et à sa carrière d'édile. Les zones de non-droit en France résultent parfois, peut-on lire dans la presse, de cette attitude des politiques : ils ne veulent pas d'échauffourées avec la police dégénérant en émeutes qui écorneraient leur apparence de pouvoir. Les bandits n'achètent pas le politique avec de l'argent, mais avec une « plus-value de pouvoir ».

Ce genre de dérive est inévitable dans un pays gouverné par des politiques-bureaucrates excessivement intelligents et cyniques. La règle d'or dans cet univers est : « pas de vagues ! »

Collusion intéressée des intellectuels et des politiques

Ce concept de *« plus-value de pouvoir »* permet de comprendre pourquoi les crédits fournis aux activités culturelles ont augmenté vertigineusement au cours des trente dernières années, beaucoup plus que ceux accordés aux services régaliens.

Depuis plus de trois décennies, l'argent du contribuable coule à flots pour les théâtres, salles de concert, musées, artistes et techniciens, intermittents du spectacle, financement du cinéma, chaînes de télévision publique, subventionnement des médias et du football. Ce secteur fourmille d'intellectuels et de journalistes qui parlent haut et fort et dominent la communication. Les politiques en ont beaucoup plus besoin pour leur carrière que de policiers, de juges ou de militaires tous astreints au silence. Outre l'État, la très grande majorité des collectivités territoriales, régions, départements et communes ont décidé au cours des dernières années de dépenser des sommes importantes pour la culture.

Tandis que les personnels de la culture publique disposent d'édifices et de moyens de transport de qualité dont les taxis, les policiers et leurs commissaires doivent s'entasser dans des locaux à la limite de l'insalubrité et conduisent des véhicules en mauvais état. Si une petite fraction des investissements dans des bâtiments culturels avait été affectée aux locaux des magistrats, des policiers et aux prisons, la France respecterait un peu mieux les droits de l'homme et la sécurité des citoyens serait certainement mieux assurée.

Pour en convaincre le lecteur, examinons les chiffres. L'Insee fournit pour la fonction « loisirs, culture et culte » de l'ensemble État et collectivités territoriales le chiffre de 29 milliards € en 2015 (contre 16,2 Mds € en 2001). Il faudrait y ajouter le déficit de l'Unedic de l'ordre de 1 milliard pour les « intermittents du spectacle ». Le secteur culturel s'avère, à ce prix, un important employeur et contributeur au PIB, mais c'est pour une part importante sur la base de financement public. Le développement de ce secteur n'a-t-il pas augmenté les déficits annuels et la dette de la France ?

Par comparaison, tandis que la culture représente 30 milliards €, la fonction « Défense » ne reçoit que 38,3 milliards € et la fonction « Ordre et sécurité publique » qui comprend les magistrats et les policiers 35,3 milliards €.

La France est sans doute le pays au monde dont les dépenses pour la culture ont le plus augmenté malgré ses déficits et sa dette. Et c'est sans doute un des rares pays où elles atteignent désormais le niveau des fonctions régaliennes prioritaires comme la sécurité publique et la défense.

Ce transfert insidieux et durable de l'argent public du régalien vers le culturel dessert les intérêts de la population globale au profit d'une élite plutôt cultivée qui ne représente qu'une fraction de la population. Mais quel intellectuel iconoclaste osera dénoncer cette collusion financière antidémocratique entre intellectuels et politiques ? Il risque le lynchage médiatique.

Peut-on parler dans ce cas de corruption ? Ce sont des choix politiques tout à fait légaux et démocratiquement votés. Le mot est sans doute excessif. Mais peut-on nier que ces choix collectifs servent prioritairement les intérêts des intellectuels et des politiques eux-mêmes ?

Deuxième cas : les pires cas de corruption se rencontrent lorsqu'il y a collusion entre intellectuels et politique dans le domaine de l'économie. C'est, par exemple, le cas en matière de dette publique. Il s'est trouvé des intellectuels économistes pour inciter les politiques à s'endetter davantage. Citons ce que disait, en 2006, le président de l'OFCE, le centre de recherche en économie de Sciences Po, très écouté par les gouvernements successifs[15] :

> L'État vit éternellement… Un ménage doit avoir remboursé l'ensemble de son endettement avant sa mort… Alors que l'État peut ne jamais rembourser. Cela ne signifie pas qu'il est insolvable, cela signifie

[15] Extrait de *Réconcilier démocratie et gestion* pat Jean Brilman Ed. L'Harmattan Paris 2012

> simplement qu'il peut maintenir constant son niveau d'endettement…

Ensuite, il explique que les marchés prêtent sans hésiter à la Belgique, l'Italie ou au Japon quoique leur dette dépasse 100 % du PIB, et que ces placements sont considérés sans risque par les marchés… et termine en disant :

> Les Français laissent-ils à leurs enfants une dette publique ? La réponse est non. Pourquoi ? Parce que les enfants héritent à la fois de la dette et du titre de la dette. Si j'ai un portefeuille de titres publics, lorsque je décède, mes enfants en hériteront, et auront donc une créance sur l'État… deuxièmement, de nombreuses dépenses publiques sont faites pour favoriser les générations futures…

Ces deux derniers arguments étaient fallacieux : plus de la moitié de la dette ne se retrouvera pas aux mains des « enfants français », mais de créanciers étrangers. La dette de la France était déjà de la « mauvaise dette » selon le rapport Pébereau. Elle n'avait pas amélioré la compétitivité ni réduit le chômage de la France. Elle ne favorisait guère les générations futures.

L'auteur de ces propos proposait en 2006 « d'encourir de façon transitoire des déficits supplémentaires ». C'était avant la crise des subprimes de 2008. Il s'agissait d'augmenter le déficit chronique de la France qui durait déjà depuis 25 ans !

Les économistes de l'OFCE n'étaient pas les seuls à proposer d'augmenter la dette pour améliorer la conjoncture. C'était la pensée dominante de l'époque. Elle continue d'avoir de nombreux partisans.

Sur base de cette politique économique irresponsable, les gouvernements qui se sont succédé depuis 2006 ont continué dans la voie du déficit et la dette a augmenté chaque année. Malgré les alertes d'intellectuels autonomes et bien documentés comme Jacques Attali[16], les politiques ont préféré choisir la voie de la facilité pour conserver le pouvoir et l'exercer plus paisiblement.

Il est sans doute excessif de qualifier de « corruption » cette collusion entre intellectuels soumis à la pensée dominante et leaders politiques s'abandonnant à la facilité dans leur propre intérêt, sauf à considérer le mot dans son sens ancien de « pourrissement ». N'y a-t-il pas « quelque chose de pourri au royaume » de la politique économique ?

Le cas des politiques malhonnêtes dans l'intérêt de leur collectivité

Rappelons auparavant que la « realpolitik » est basée sur le principe moral : « la charité bien ordonnée commence par soi-même ».

Les hommes politiques qui reçoivent personnellement de l'argent d'entrepreneurs en contrepartie d'avantages indus sont certainement beaucoup moins nombreux que les Français ne l'imaginent. L'enrichissement personnel des détenteurs du pouvoir est très surveillé et trop dangereux. En revanche, ils acceptent facilement de favoriser l'entrepreneur qui fera quelque chose de plus pour la collectivité. Du moment que sa collectivité en est la bénéficiaire, l'homme politique se juge moralement inattaquable.

Il y a là une ambiguïté qui est une porte ouverte à toutes les dérives morales dans les démocraties. Cette absolution des manquements à la morale et même parfois au droit, dès lors qu'ils sont commis au nom ou au

[16] Attali Jacques, *Tous ruinés dans dix ans : dette publique la dernière chance*, Ed. Fayard Paris 2010

bénéfice d'une collectivité est un des aspects du collectivisme peu étudié et rarement dénoncé par les moralisateurs.

Cette forme de corruption peut même exister à l'échelle d'un pays, par exemple quand le Luxembourg et l'Irlande pratiquent secrètement des taux d'imposition anormalement bas en contradiction avec la philosophie de l'Union européenne pour attirer les entreprises multinationales sur leur territoire. Ce qui n'est évidemment pas sanctionné, mais plutôt apprécié par la population de la nation bénéficiaire.

Ce qui existe à l'échelle d'un pays est beaucoup plus fréquent dans les collectivités locales. Leurs exécutifs accordent des avantages indus à des entreprises, des groupes de pression, des associations, des mafias, des catégories d'électeurs en principe pour le bien de leur collectivité. Dans ce cas comme dans bien d'autres, il n'y a pas enrichissement personnel du politique, mais consolidation de son pouvoir ou gain d'électeurs.

Plus généralement, toute considération morale s'efface lorsqu'il y a lutte pour la conquête du pouvoir ou sa conservation. Dans les démocraties, cela se limite principalement aux mensonges, fausses promesses, calomnies, utilisation de l'argent public pour acheter les votes et de l'appareil judiciaire pour déclasser le concurrent. Les démocraties sont de plus en plus basées sur l'utopie et le mensonge avec comme conséquence la montée du populisme.

Dans les États moins policés, censure des médias, emprisonnements ou assassinats d'adversaires politiques et de journalistes, guerre extérieure ou civile, les moyens les plus ignobles sont utilisés sans vergogne.

C'est une banalité de dire que les sociétés humaines ne peuvent se passer de gouvernement. Il faut une autorité qui règle les relations entre les hommes. L'histoire de l'humanité a montré que la conquête et la conservation du pouvoir sont à l'origine des plus horribles comportements des prétendants à son exercice : mensonges, corruption, fraudes, ruses, meurtres, guerres.

Pour le malheur des peuples, la politique, ce mal nécessaire, tient le premier rang.

Le monde marchand, serait-il aussi corrompu ?

Venons-en à l'éthique dans le monde marchand.

Entre marchands y a-t-il corruption ? C'est rarissime puisqu'entre eux il y a négociation sans obligation de conclure, chacun défendant ses propres intérêts. Dès lors que le marché reste concurrentiel, grâce en général à l'État de droit, chaque marchand ou consommateur peut s'adresser à un autre pour vendre ou acheter. Il y a de fait égalité de pouvoir et la corruption n'a pas d'utilité.

Une réglementation adéquate est nécessaire au fonctionnement d'un vrai et juste marché, en particulier pour éviter les abus de position dominante.

Mais lorsque l'État se substitue au marché, comme dans les régimes communistes, la corruption et la pénurie s'installent partout dans la société. La Chine communiste en adoptant le « socialisme de marché » a partiellement échappé à ces inconvénients.

Néanmoins dans le monde marchand, il existe des tentatives pour se soustraire à la loi.

Il peut y avoir corruption par un vendeur des employés du service achat d'un autre marchand : les entrepreneurs bien organisés savent comment éviter d'être trahis par leurs agents.

L'égalité de pouvoir disparaît lorsque l'un des marchands obtient une position de monopole même temporaire ou lorsque qu'une catégorie de marchands forme un cartel c'est-à-dire un quasi-monopole sur l'un des termes de la transaction, prix, qualité ou tout autre facteur ou lorsque l'un d'eux parvient à tromper son interlocuteur.

Parfois, certains grands marchands créent des systèmes de relations qui enlèvent à leurs clients toute possibilité de changer de fournisseur. L'un des procédés consiste à les lier par des contrats d'une longueur désespérante écrits en petites lettres qui rendent difficile le changement. Heureusement, l'État surtout lorsqu'il prône un libéralisme raisonnable, intervient pour éviter que la grande entreprise soit en position de force par rapport au consommateur et freine l'accès à la concurrence.

Les principales tentations qui corrompent l'éthique des marchands sont : le désir de domination par le monopole et la tromperie sur la qualité de l'offre de produits ou de services.

L'histoire du commerce est truffée de monopoles, par le biais de jurandes, métiers, corporations, ligues, compagnies, trusts, les États favorisant parfois leurs grands marchands. Les compagnies des Indes orientales néerlandaises, anglaises puis françaises en sont des exemples.

La plupart des démocraties ont édicté des réglementations très précises contre les abus de position dominante comme les lois antitrust aux États-Unis : elles ont permis, par exemple, de démanteler la puissante compagnie pétrolière Standard Oil. Les démocraties ont créé des institutions ou nommé des autorités pour empêcher toute position de monopole : comme le Conseil de la concurrence en France ou l'Office of Fair Trading au Royaume-Uni ; au sein de l'UE, la Direction de la concurrence de la Commission européenne veille au fonctionnement des marchés européens, en garantissant une concurrence juste et équitable, fondée sur le mérite, entre les entreprises.

Sur un autre aspect, la conformité des produits et services aux normes : des administrations, des organismes publics ou des associations de consommateurs surveillent sérieusement les entreprises. Un Comité européen de normalisation édicte des normes européennes et veille à leur respect.

Les tromperies des marchands sur la qualité de leur offre deviennent de plus en plus rares d'autant que ce n'est pas dans leur intérêt à long terme.

Le marché est « moralisé », mais pas la politique

« En toute rigueur, me fait remarquer le philosophe Philippe de Rouilhan, le marché n'a pas à être moralisé, les règles fixées par la loi n'ont pas à être morales, et d'ailleurs elles ne le sont pas. C'est dans le meilleur des cas par abus de langage qu'on utilise le lexique de la "morale", et l'on alimente alors, sans s'en rendre compte, la confusion de pensée. »

Il a effectivement raison, mais ce terme est devenu un raccourci commode pour indiquer que les réglementations ont été conçues dans le but d'éviter que le plus fort abuse du plus faible, qu'aucune des parties ne trompe l'autre, en bref que l'échange réglementé se déroule dans le respect d'un certain nombre de « valeurs » qui correspondent peu ou prou aux valeurs chrétiennes ou républicaines. Nous emploierons donc ce terme entre guillemets.

Dans les pays le plus souvent démocratiques où l'enrichissement du politique ou du fonctionnaire est étroitement surveillé, les cas de corruption par les marchands sont réduits. Dans les républiques bananières ou les pays communistes ou ex-communistes, c'est le contraire. Les grands dirigeants à la tête de l'État ou des collectivités publiques accumulent en silence des fortunes immenses. Celui qui oserait en parler est un homme mort !

Mais, même dans ces pays, les lois pour « moraliser » le marché sont de plus en plus nombreuses et sévères.

Au niveau mondial, les États se sont réunis pour « moraliser » les échanges internationaux en créant en 1995 une institution adaptée l'Organisation mondiale du commerce (OMC). L'OMC a pour but principal de favoriser l'ouverture commerciale. Pour cela, elle tâche de réduire les obstacles au libre-échange, d'aider les gouvernements à régler leurs différends commerciaux et d'assister les exportateurs, les importateurs et les producteurs de marchandises et de services dans leurs activités.

Les 35 pays membres de l'OCDE ainsi que 6 pays non membres - l'Afrique du Sud, l'Argentine, le Brésil, la Bulgarie, la Colombie et la Russie ont adopté la Convention de l'OCDE sur la lutte contre la corruption. Cette charte établit « des normes juridiquement contraignantes tendant à faire de la corruption d'agents publics étrangers dans les transactions commerciales internationales une infraction pénale » (OCDE).

L'Union européenne a encore renforcé la réglementation pour bannir les ententes, empêcher les positions de monopole, maintenir la qualité des produits par les normes, etc.

Les marchands sont désormais de plus en plus étroitement surveillés par les États et les organisations internationales en ce qui concerne leurs produits, les conditions d'emploi de leur personnel, leurs finances sur lesquelles sont prélevés les impôts.

En France, pays excessivement bureaucratique, leur liberté chaque jour s'amenuise au point qu'il devient de plus en plus difficile de fabriquer rentablement des produits soumis à la concurrence internationale.

Dans la pratique, les hommes politiques se sont préoccupés de « moraliser » le marché, mais rarement de « moraliser » la politique elle-même. Les parlementaires se sont bien gardés de voter des lois qui sanctionnent la longue liste des petits et grands manquements à l'intérêt des peuples que nous venons de signaler.

En particulier, très peu de lois ont été votées pour qualifier, sanctionner et bannir les mensonges, les fausses promesses, le népotisme, le clientélisme, l'achat de la paix sociale, le gaspillage des deniers publics, et plus graves encore la distribution d'argent public en vue de conquérir un électorat ou la déclaration de guerre extérieure pour conforter son pouvoir en jouant sur la sensibilité et l'émotion populaire.

Le nouveau gouvernement du président Emmanuel Macron veut « moraliser » la politique. De quoi serait-il question ? Sans doute, du financement des partis politiques, de casier judiciaire vierge, de limitation du cumul des mandats dans le temps, de plafonnement du total des indemnités et rémunérations, de professions incompatibles avec la fonction d'élu, de conflits d'intérêts, d'interdiction des emplois familiaux.

Mesures salutaires, mais qui oublient l'essentiel de ce qui obère les finances publiques de manière significative : la mauvaise gestion, les gaspillages, les niches fiscales et les achats de suffrages ou de la paix sociale avec l'argent public.

Une grande partie des informations sur ces dérives se trouvent dans les rapports de la Cour des comptes. Mais en France ils sont sans effet et sans sanction. Au Royaume-Uni, modèle de démocratie, c'est le parlement lui-même qui contrôle les comptes : la commission de contrôle des comptes publics de la Chambre des communes fait partie des *select committees*, commissions compétentes pour contrôler l'action du gouvernement. Elle s'appuie sur le *National Audit Office* dont elle reprend les critiques dans les rapports qu'elle adresse au gouvernement sur les politiques publiques.

Dans les fausses démocraties, dictatures ou théocraties, seule « la morale du plus fort » s'applique : assassinats d'opposants, coup d'État, révolution, guerre civile pouvant aller parfois jusqu'au génocide. Naturellement les plus grands crimes dans ces régimes sont justifiés par une clique d'intellectuels laïcs ou religieux.

Contributions respectives au bonheur des peuples

Trois personnages jouent aujourd'hui un rôle majeur dans la société : l'intellectuel, le politique et le marchand. L'importance de la fonction des deux premiers est unanimement reconnue depuis la nuit des temps. Le premier explique le fonctionnement du monde à la population et le second organise la vie en société.

Dans les temps plus anciens, deux rôles étaient également très importants et admis comme tels : le militaire et l'agriculteur. Ils le restent aujourd'hui, mais leurs effectifs ont largement diminué.

Au cours des XIXe et XXe siècles, les marchands ont progressivement assuré une part croissante de la production de biens et services et constituent aujourd'hui l'essentiel des emplois de la société civile. La majorité de la population vit de leurs activités comme employés ou consommateurs.

Partout et toujours les marchands ont une préférence pour la paix, la sécurité et le développement économique. Ils n'ont cessé de proposer aux populations des occasions de plaisirs et même de bonheurs matérialistes dans ce monde et dans le présent.

Ils restent les véhicules de la libération de l'homme, des échanges pacifiques, du progrès des civilisations et de l'amélioration de la qualité de la vie des peuples. A contrario, les intellectuels et les politiques n'ont jamais fait que promettre le bonheur dans le futur comme « l'avenir radieux » des communistes ou dans l'au-delà comme les religions, en général au prix de sacrifices ou de violences dans le présent.

Pour la qualité de la vie sur cette terre, particulièrement depuis deux siècles, les marchands se sont montrés les plus utiles et les plus efficaces.

Le temps est venu pour les intellectuels et les politiques de reconnaître la méritoire contribution de ce troisième acteur au bonheur des peuples.

Table des matières

Sociologie et questions de société aux éditions L'Harmattan

Dernières parutions

BIO : OÙ EN SOMMES-NOUS ?
Santé - éthique - environnement
Blériot Céline - Préface de Marie-Monique Robin
L'auteur mène l'enquête sur les bienfaits réels du bio. Elle a commencé par étudier l'évolution du monde agricole et de nos assiettes avec l'arrivée de la mécanisation et de la chimie. Observant d'importants dangers sanitaires et environnementaux, elle a découvert un label AB pour deux bios aux concepts quelque peu… différents. Elle a cherché à savoir pourquoi ces bios étant meilleurs à de nombreux points de vue, ils ne remplacent toujours pas l'agriculture dite conventionnelle. Après analyse de nos comportements et de notre société de consommation, elle met en lumière un jeu d'acteurs aux intérêts divergents voire très préoccupants, fort révélateur d'une cohabitation entre le développement et le durable.
(Coll. Perspectives organisationnelles, 19.00 euros, 178 p.)
ISBN : 978-2-343-12259-5, ISBN EBOOK : 978-2-14-004196-9

UN MODÈLE FRANÇAIS NOUVEAU ?
Charlin Jacques
Des paramètres nouveaux, scientifiques, sociétaux, économiques et écologiques ont vu le jour au tournant du millénaire et sont de plus en plus présents. Ils devraient nourrir la réflexion politique sur le temps long. Ce travail est-il fait ? À quoi pourrait ressembler notre pays dans son organisation sociale au milieu du siècle ? Cet ouvrage ouvre quelques pistes de réflexion sur l'organisation sociétale nouvelle qu'il faut tenter d'imaginer.
(Coll. Questions contemporaines, 24.00 euros, 236 p.)
ISBN : 978-2-343-12267-0, ISBN EBOOK : 978-2-14-004364-2

SÉCURITÉ INTÉRIEURE : Enjeux et perspectives
Durand Franck - Sous la direction de Franck Durand
Deux disciplines sont apparues de façon concomitante à la fin du dix-neuvième siècle : la psychanalyse et la criminologie, qui toutes deux s'efforcent d'expliquer le comportement criminel afin de le prévenir. Puis, passant du niveau individuel au niveau collectif, la réflexion porte sur les risques sociaux et sociétaux constituant de nouvelles menaces contemporaines, questionnant l'origine et les formes de la violence. Face à celles-ci, les pouvoirs publics s'emploient à développer une politique de prévention de la délinquance.
(Coll. Droit de la sécurité et de la défense, 19.00 euros, 180 p.)
ISBN : 978-2-343-12253-3, ISBN EBOOK : 978-2-14-004142-6

LE POLITIQUE PAR L'IMAGE

Iconographie politique et sciences sociales

Sous la direction de Christine Pina et Éric Savarese

Qu'est-ce que les images peuvent nous apprendre sur le politique ? Tandis qu'historiens, sociologues et anthropologues considèrent depuis longtemps les documents iconographiques comme de véritables matériaux empiriques, il n'existe pas de véritable « tradition » d'analyse de l'image en science politique. Cet ouvrage collectif constitue ainsi une invitation à investiguer le politique à partir des images. Car les tracts, les affiches ou les photographies constituent des traces de la diversité des pratiques et des représentations du politique, mais également des supports utilisables pour réaliser des entretiens de recherche.

(Coll. Logiques politiques, 30.00 euros, 300 p.)

ISBN : 978-2-343-12509-1, ISBN EBOOK : 978-2-14-004103-7

JEUX ET CULTURE DE LA RENAISSANCE

L'album d'estampes de Nicolas Prévost

Parlebas Pierre

Les 36 Figures de Nicolas Prévost mettent en scène les pratiques ludiques du XVIe siècle telles qu'elles se déployaient dans leur milieu habituel. On observe l'importance accordée au corps, le degré de violence accepté, le rôle non négligeable de la participation féminine, le niveau technologique des instruments utilisés, le rapport aux animaux. Mettant en spectacle le phénomène éminemment social du jeu, ces images vivantes soulignent comment la Renaissance vit une période de transformation qui affecte notamment les rapports avec le monde matériel et les rapports entre les personnes.

(Coll. Mouvements des Savoirs, 18.50 euros, 162 p.)

ISBN : 978-2-343-12513-8, ISBN EBOOK : 978-2-14-004184-6

LE DROIT DE NE PAS AIMER

Le droit de ne pas aimer : les racines du sextrémisme

Junker Ida

Que serait la femme sans amour ? Romans, films, médias... L'amour est inculqué aux fillettes dès leur plus jeune âge, et conditionne leurs comportements jusqu'à devenir une forme d'aliénation : une «burqa transparente» (selon Belinda Cannone). Là où elle est censée incarner la douceur, la maternité ou la séduction, une femme qui décide d'en finir avec cette surenchère affective doit se montrer suffisamment forte pour résister au discours culpabilisant. Le «sextrémisme» proclamé par les Femen apparaît alors comme un moyen de transcender la condition féminine.

(Coll. Sexualité humaine, 14.00 euros, 120 p.)

ISBN : 978-2-343-10649-6, ISBN EBOOK : 978-2-14-004354-3

LE TRAVAIL, ENTRE PUBLIC, PRIVÉ ET INTIME

Comparaisons et enjeux internationaux du *care*

Coordonné par Aurélie Damamme, Helena Hirata et Pascale Molinier

De quoi la crise du care est-elle le nom ? De la crise des solidarités familiales ? De celle de l'État-providence ou encore du travail gratuit des femmes ? La perspective du *care* déplace les frontières entre le privé et le public, l'intime et le politique, la

théorie et l'empirie. Cet ouvrage restitue l'effervescence actuelle des recherches sur le care. Il propose un regard pluriel, à partir d'enquêtes empiriques, sur le travail du *care* au Japon, au Brésil, en France, aux États-Unis, en Colombie, au Liban et en Argentine.
(Coll. Logiques sociales, 25.50 euros, 254 p.)
ISBN : 978-2-343-11672-3, ISBN EBOOK : 978-2-14-004336-9

LA LAÏCITÉ À L'ÉPREUVE DES IDENTITÉS
Enjeux professionnels et pédagogiques dans le champ éducatif et social
Sous la direction de Manuel Boucher
Dans un contexte de remise en cause de la laïcité de la part d'anti-mouvements culturels et politico-religieux, les éducateurs et pédagogues sont questionnés : doivent-ils réaffirmer la laïcité associée au modèle d'intégration républicain ou bien le réinventer en fonction de nouvelles réalités sociodémographiques et politiques ? Cet ouvrage tente de développer les capacités de réflexion et d'action des professionnels du champ social et éducatif, acteurs clés de l'émancipation laïque.
(Coll. Recherche et transformation sociale, 25.50 euros, 242 p.)
ISBN : 978-2-343-12641-8, ISBN EBOOK : 978-2-14-004282-9

LAÏCITÉ, ÉMANCIPATION ET TRAVAIL SOCIAL
Sous la direction de Guylain Chevrier
La laïcité, indissociable d'une liberté intime, se construit toujours dans un cadre collectif. Cette liberté, aucun professionnel de l'action éducative et sociale ne peut se dispenser de la penser. Peut-on grandir, évoluer et s'émanciper sans que soit garantie la liberté de conscience ? Sur cette question, l'ambition de cet ouvrage est double : convoquer la réflexion au sujet de la laïcité comme principe émancipateur, et fournir des outils à tout professionnel ou cadre du travail social désireux de penser sa pratique.
(Coll. Les Ecrits de BUC Ressources, 28.00 euros, 270 p.)
ISBN : 978-2-343-12358-5, ISBN EBOOK : 978-2-14-004107-5

VIEILLISSEMENT, VULNÉRABILITÉ ET ANIMATION SOCIALE
Sous la direction de Nicolas Combalbert et Sophie Rothé
Cet ouvrage collectif s'adresse principalement aux travailleurs sociaux, notamment aux animateurs sociaux et socioculturels, qui évoluent auprès de personnes âgées. Il traite du vieillissement normal et pathologique et plus particulièrement des personnes âgées en situation de perte d'autonomie ou de dépendance. Il vise à aider les acteurs de terrain, à ajuster leurs posture et pratique professionnelles, à interroger les limites de leur action dans un cadre institutionnel.
(Coll. Logiques sociales, 27.50 euros, 272 p.)
ISBN : 978-2-343-12561-9, ISBN EBOOK : 978-2-14-004214-0

POLITIQUES DE LA VIE
La Nature au prisme du social
Seguin Thomas
La définition de la nature de la vie, ainsi que de sa physionomie, est, en quelque sorte, l'objet même du politique et de sa décision. Si une société sait comprendre

et respecter la vie en elle-même, elle saura établir un rapport compréhensif et équilibré avec les entités naturelles. La vie prise ainsi dans sa saisie intégrale induit l'élaboration d'une physique sociale qui pense les conditions de l'harmonie sociale ainsi que celles d'une société vivante.
(Coll. Logiques sociales, 22.50 euros, 222 p.)
ISBN : 978-2-343-11728-7, ISBN EBOOK : 978-2-14-004083-2

EMMANUEL MACRON... ET LES AUTRES
Les gagnants et les perdants d'une élection imprévisible
Saison 2
Pierrat Ghyslaine
Cet essai décrypte les figures politiques contemporaines au prisme de leur enfance : leurs atouts, leurs handicaps, et dévoile leurs secrets. Macron, Hulot, Juppé, Baroin, Bayrou, Hollande, Sarkozy, Hamon, Mélenchon, NKM, Fillon, Le Pen, Hidalgo, Valls, Le Maire, Taubira et tant d'autres, tous vous captiveront ! L'auteur prend également position sur la fonction modernisée du président, sa nouvelle présidentialité, le statut nécessaire de la Première dame de France. Elle conceptualise la notion de double médiatique et alerte sur ses dangers. Elle transmet aussi les valeurs à sauvegarder.
(22.00 euros, 350 p.)
ISBN : 978-2-343-12468-1, ISBN EBOOK : 978-2-14-004031-3

2016
Un, deux, trois, votez !
Leconte Jean-Pierre - Emef - Jipéhel
Une nouvelle fois, « La Plume » et « Le Crayon » ont décidé de se réunir pour commenter à leur façon, avec humour et une parfaite mauvaise foi, l'actualité politique de la France et du monde de l'année 2016, une année avant tout électorale. Entre les régionales, cantonales, européennes, les primaires de la droite, le référendum en Grande-Bretagne, les présidentielles aux États-Unis... il y avait du grain à moudre (multiples illustrations en couleur).
(31.00 euros, 278 p)
ISBN : 978-2-343-11325-8, ISBN EBOOK : 978-2-14-004024-5

À QUI LE POUVOIR ?
Ouvrage collectif sous la direction de Claude De Vos – Hommage à Jean-William Lapierre
La question de l'État est plus que jamais d'actualité. Les anciennes sociétés colonisées ont le plus grand mal à fonder des États stables et aptes à résister aux tensions et déchirements que suscitent leurs divisions ethniques, linguistiques ou religieuses. Les États constitués se trouvent quant à eux confrontés à la globalisation qui conduit à l'homogénéisation des modes de penser. Alors, dans l'état de crise économique, sociale et morale dans lequel vit aujourd'hui une grande partie de l'humanité, la politique et la démocratie ont-elles encore un avenir ?
(Coll. Des Hauts et Débats, 31.00 euros, 304 p.)
ISBN : 978-2-343-11950-2, ISBN EBOOK : 978-2-14-003878-5

Structures éditoriales du groupe L'Harmattan

L'Harmattan Italie
Via degli Artisti, 15
10124 Torino
harmattan.italia@gmail.com

L'Harmattan Hongrie
Kossuth l. u. 14-16.
1053 Budapest
harmattan@harmattan.hu

L'Harmattan Sénégal
10 VDN en face Mermoz
BP 45034 Dakar-Fann
senharmattan@gmail.com

L'Harmattan Cameroun
TSINGA/FECAFOOT
BP 11486 Yaoundé
inkoukam@gmail.com

L'Harmattan Burkina Faso
Achille Somé – tengnule@hotmail.fr

L'Harmattan Guinée
Almamya, rue KA 028 OKB Agency
BP 3470 Conakry
harmattanguinee@yahoo.fr

L'Harmattan RDC
185, avenue Nyangwe
Commune de Lingwala – Kinshasa
matangilamusadila@yahoo.fr

L'Harmattan Congo
67, boulevard Denis-Sassou-N'Guesso
BP 2874 Brazzaville
harmattan.congo@yahoo.fr

L'Harmattan Mali
Sirakoro-Meguetana V31
Bamako
syllaka@yahoo.fr

L'Harmattan Togo
Djidjole – Lomé
Maison Amela
face EPP BATOME
ddamela@aol.com

L'Harmattan Côte d'Ivoire
Résidence Karl – Cité des Arts
Abidjan-Cocody
03 BP 1588 Abidjan
espace_harmattan.ci@hotmail.fr

L'Harmattan Algérie
22, rue Moulay-Mohamed
31000 Oran
info2@harmattan-algerie.com

L'Harmattan Maroc
5, rue Ferrane-Kouicha, Talaâ-Elkbira
Chrableyine, Fès-Médine
30000 Fès
harmattan.maroc@gmail.com

Nos librairies en France

Librairie internationale
16, rue des Écoles – 75005 Paris
librairie.internationale@harmattan.fr
01 40 46 79 11
www.librairieharmattan.com

Librairie l'Espace Harmattan
21 bis, rue des Écoles – 75005 Paris
librairie.espace@harmattan.fr
01 43 29 49 42

Lib. sciences humaines & histoire
21, rue des Écoles – 75005 Paris
librairie.sh@harmattan.fr
01 46 34 13 71
www.librairieharmattansh.com

Lib. Méditerranée & Moyen-Orient
7, rue des Carmes – 75005 Paris
librairie.mediterranee@harmattan.fr
01 43 29 71 15

Librairie Le Lucernaire
53, rue Notre-Dame-des-Champs – 75006 Paris
librairie@lucernaire.fr
01 42 22 67 13

www.ingramcontent.com/pod-product-compliance
Lightning Source LLC
LaVergne TN
LVHW021227061026
849535LV00008B/2955
* 9 7 8 2 3 4 3 1 4 9 9 2 9 *